調和と生命尊厳の社会へ

創価思想のキーワード

石神　豊

第三文明社　レグルス文庫 264

これと前後して、創価大学通信教育部学会編の『創立者池田大作先生の思想と哲学』シリーズに論考を掲載し、今回の出版への大きなステップとなりました。一冊の本にするにあたっては、これまで書いたいくつかの論考を全面的に再考し、書きあらためました。執筆にあたっては、この本を読まれる方と直接お話をするような気持ちで、できるかぎりわかりやすく述べたつもりです。なお、三代の会長については、苗字あるいは氏名のあと、基本的に「会長」の呼称を付しました。

本書は大きく序論、本論（第Ⅰ部、第Ⅱ部）に分かれています。序論では、本書の基本的な観点を述べています。また、序論を読むことで、本書全体の構成についても理解できると思われます。

本論は二部からなりますが、それぞれがいちおう独立した形となっています。第Ⅰ部では「調和」理念の歴史が調べられるとともに、現代の危機をのりこえるために、この古くて新しい理念が蘇《よみがえ》るべきであるという主張を述べています。この第Ⅰ部は思想史的考察が中心となっていますから、こうした考察に慣れていない方は先に第Ⅱ部を読まれることをおすすめします。

第Ⅱ部は、現代に求められる普遍的な価値観とはなにかという問題提起にはじまり、創価思想の革新的な生命論を紹介し、深い生命の認識にもとづく「生命の尊厳」の理念こそが現代の倫理としてふさわしいという結論となっています。調和の根柢《こんてい》には生命論があるといえますから、じつはこの二つは深く関連しているのです。

おわりに、本書に関連し、これまでお世話になった日中のさまざまな方々、そして、第三文明社の編集部の方々に深い感謝の念を表したいと思います。

筆者記

調和と生命尊厳の社会へ——目次

序論　現代からの出発

1　現代の問題と創価思想

二つの問題に直面する現代

二十世紀は、人類がこれまで経験したことのない、巨大な規模の物理的なエネルギーを支配するようになった時代でした。エネルギーの確保こそ経済発展を支える基盤であり、国力はまさにエネルギーの支配と増大にかかっていると考えられたのです。

二十一世紀も、やや翳《かげ》りはみせつつも、この二十世紀の路線をそのまま引きつぎました。十八世紀後半の産業革命にはじまった近代化の波は、拡大増幅され現代にいたったのですが、現在、はっきりしてきたことは、この近代化そのものが大きな曲がり角にきているということです。すでに文学や社会思想においては〈ポストモダニズム（後近代主義）〉の問題として論じられ模索《もさく》されてきたのですが、いまや近代文明のもつ問題のありかが、はっきり具体的な姿をもって現れてきたといえます。

私たちは食物を摂取し、それをエネルギーへ変えて生活しています。しかし、こうした生きるためのエネルギー消費と、それとは直接には関係のない物理的エネルギーとはその質と量において異なっています。現代はたいへんな量の物理的なエネルギーを浪費しているといえます。

エネルギー肥大化がもたらした負の側面といえるもの、それはとりわけ二十世紀が提起し、その解決を二十一世紀へ託《たく》したとみられる二つの問題に集約されます。それは一つは〈核戦争の問題〉であり、もう一つは〈地球環境問題〉です。この二つの問題は、二十一世紀に生きる私たちに課せられた人類史的な課題であり、この課題への真剣な取り組みなくして、もはやつぎの時代への進展は考えられないといってもよいものです。

問題への取り組み

第二次大戦後、十年ほどたって「ラッセル＝アインシュタイン宣言」（一九五五）が発表されました。この宣言は、今後世界規模の戦争が起こったならば、必ず核兵器が使用されるであろうとの危機意識にもとづいて、大規模な戦争はこれを基本的にすべきではないこと、すべての紛争は平和的手段をもって解決されなければならないと訴えたものです。この宣言は、エネルギーの肥大化の行方をもっともよく理解する科学者たちによってなされたものとして、大きなインパクトをもったものでした。

この宣言から二年後に、原子力の平和利用を促進し、軍事に転用されないための保障措置《そち》を行う国際機関として国際原子力機関（ＩＡＥＡ）が創設されました。しかし、そうした取り組みにもかかわらず、その後も「核抑止力論[※]」に支えられた核の保有はさらに増加しています。

※「核抑止力論」とは、原爆などの核をもつことが戦争を未然に防ぐ力となるという理論のことです。しかしこの理論は、圧倒的なエネルギーである〈核への恐怖感〉を基礎にしたものであり、相互に不信を増大させるものでしかないとの批判があるとおりです。

また、地球環境問題もその深刻さを増しています。地球温暖化現象に対する危機感から、二酸化炭素の削減をめざし先進諸国間で京都議定書が交わされたのは、一九九七年のことでした。しかしその後の取り組みは、議定書のとおりというわけにはいきませんでした。取り組みにも各国のエゴが反映し、また開発途上国の急激なエネルギー需要の増加があり、足並みをそろえることのむずかしさを露呈しました。

しかしこの問題の深刻さは、明瞭《めいりょう》にわかる形で知られるようになってきました。そして世界共有の関心事となってきていますから、さまざまな取り組みがはじまっています。ただ、この環境問題のむずかしさは経済活動と密接に関係している点にあります。資源リサイクルや省エネの呼びかけなどから、石油に代わるエネルギーの開発へと、いろいろな取り組みが行われていますが、経済活動を低下させてしまうという危惧《きぐ》をもつ人も依然として多いのです。しかし、今後は、これまでの高エネルギー依存型の社会のありかたは見直さざるをえないと思われます。そこには、根本的な意識変革も必要となってくるといえるでしょう。

身近な問題としてとらえる

核戦争の問題、地球環境問題……いずれも、自分や自分の家族とは、また日々の生活とは、かけ離れているというような気がするかもしれません。しかし、けっしてそうではないのです。これらの問題の核心が、じつは私たちの生活のなかにこそあり、かけ離れているどころかもっとも近いところにあるのだ、ということを知る必要があります。

たとえば、私たちの日常のなかには、暴力の問題がつねにひそんでいます。日々の報道でも、各種の暴力事件が絶えることはありません。個人間の暴力、ドメスティック・バイオレンス（家庭内暴力）、学校内のいじめ等々、これらは戦争に比べれば小さな暴力かもしれません。しかし、小さな暴力は大きな暴力へ通じています。規模と直接の原因は違っていても、暴力行為としての同じ特徴、性格をもっているのです（暴力の問題については第I部第3章を参照）。

また、日常の生活に環境問題がかかわっていることは、論じるまでもないでしょう。衣食住のすべてにわたって環境問題とのかかわりをもっています。車の燃料、建材、塗料、衣服、包装など、すべて石油と直接かかわっています。電気も火力発電には多く石油が使われています。そしてこの石油の使用が資源問題、地球温暖化問題とつながっているわけです。生活の全般にわたってつねに環境問題と直接しているといっても過言《かごん》ではありません。

この二つの問題、これらはいずれも深刻な問題です。また、ともに人災といってよいものです。人間対人間、人間対自然という関係のなかで生じた負《ふ》の価値、それが戦争の問題であり、環境問題です。また、こうした問題が私たちの日常に存在しているという認識をもつことで、傍観者《ぼうかんしゃ》としてではなく、私たち自身の問題として、避けることなく受け止めることができます。さらに、その解決を考える、努力するということが、つぎの課題となるでしょう。私たち自身、身近なところにその原因があるということがわかれば、そこから出発できるわけです。

創価学会の活動

創価学会は、戦後早くから、核戦争の問題と環境問題に大きな関心をもち、この二つの問題に真摯《しんし》に取り組んできた団体です。会員の日々の活動は、身近な生活のなかでの実践でしたが、ある面において、その実践はすべて「戦争反対」、とくに「核使用絶対反対」という主張の表現であり、また地球環境問題解決の意思の表明だったといえます。

いまから半世紀前、一九五七（昭和三十二）年九月八日に、戸田城聖《とだじょうせい》第二代会長が「原水爆禁止宣言」を発表しました。戸田会長は、つぎのように宣言しています。

「もし原水爆を、いずこの国であろうと、それが勝っても負けても、それを使用したものは、ことごとく死刑にすべきであるということを主張するものであります。なぜかならば、われわれ世界の民衆は、生存の権利をもっております。その権利をおびやかすものは、これ魔ものであり、サタンであり、怪物《かいぶつ》であります」（池田大作『人間革命』第十二巻、聖教文庫、一九九四）

「宣言」ではこのあと、原水爆絶対反対の思想を世界に広めることを、遺訓《いくん》として青年に託《たく》しています。この「原水爆禁止宣言」は、それからさまざまな展開をみせる創価学会の平和運動の起点となったものです。今後、世界規模の戦争が起これば、人類は必ず原水爆の恐怖にさらされるということを考えると、戸田会長の宣言は、先見の明をもった画期的なものであったといえます。

創価学会と親交のある、インド国立ガンジー記念館の館長であったラダクリシュナン博士は、この宣言の画期的意義を認め、こう評しています。

「戸田会長もまた、生命を守るために『人類が原水爆に対して、勇気をもって戦うのだ』という、当時誰もが言えなかったことを、ただ一人、発言された方でありま す。この宣言こそ、人類にとって最も偉大なる意志決定だったのであります。創価学会は、この伝統を受け継ぎ、非暴力を実践されています」（『聖教新聞』二〇〇七年四月十二日付）

ラダクリシュナンがいうように、創価学会とその世界的ネットワークであるSGI（創価学会インタナショナル）は、核の廃絶、戦争反対の主張や運動を、広く内外に展開してきています。

また、池田大作第三代会長（現在は創価学会名誉会長・SGI会長）の小説『人間革命』第一巻の冒頭の言葉はよく知られています。「戦争ほど、残酷なものはない。戦争ほど、悲惨なものはない」との書き出しではじまるこの大河小説は、その根柢《こんてい》に池田会長の〈戦争反対〉の強い意志が脈打っているといってよいと思います。

地球環境問題をめぐって

さらに、地球環境問題に関しては、池田会長がローマ・クラブの創設者であるアウレリオ・ペッチェイ博士と対談し、のちに、その対談内容を『二十一世紀への警鐘《けいしょう》』（一九八四）として発表していることが注目されます。

この対談は、一九七五年の初会見以後、九年間にわたって進められたものです。そこでは「人間と自然」「人間と人間」のありかたについて論じられ、そして環境問題を中心とする地球的問題群の解決には、外なる変革よりも、人間の内なる変革（つまり人間革命）が重要であるということが、両者の間で同意されています。

ペッチェイはこういいます。

「人類がこの致命的《ちめいてき》な障害から自らを解《と》き放ち、これまでの人類に起こったこと、また、おそらくいま起こりつつあることを総合的に評価し、また同時に、客観的な自己分析を行って自らの欠点と誤りを発見するためには、人間はなによりもまず物質革命への心酔から醒《さ》めなければなりません。……（中略）いまや、われわれ皆が、現代の状況がいかに不均衡《ふきんこう》になってしまったかに気づき始めています。われわれ自身、内面的均衡を欠いており、そのため物質的豊かさを追求する過程で、精神的、道徳的、思想的には貧しくなってきたことを感じています」（『二十一世紀への警鐘』、『池田大作全集』第四巻）

これを受けて池田会長はつぎのように述べています。

「ペッチェイ博士の提唱される人間革命が、どのような信念から生まれたものかがよくわかりました。たしかに、環境のなかの不均衡も、社会のなかの不均衡も、それをもたらしたのは人間自身であり、私たち人間の内なる自我の不均衡に根源があることは明らかです。

今日、多くの人々が均衡回復《きんこうかいふく》の必要性を痛感していることは確かですが、一般に、人々が実際に取り組んでいる方向は、たとえば、一つの資源が枯渇《こかつ》しそうだといえば、それに代わる新しい資源を求めることであり、ある社会体制に重大な欠陥《けっかん》が認められると、それに代わる別の体制を考察することだけです。そうした不均衡と欠陥を生じた根源である人間自身の生き方や考え方を真《ま》っ向《こう》から取り上げてこれに考察を加え、そこに変革の根本を求めるということは、ほとんどなされていないといっても過言ではないでしょう」（同）

両者間に共通する主張は、環境問題といっても結局は人間の問題であり、人間は自分自身にこそ目を向けなければならないという主張です。

池田会長の環境問題に対する問題意識は、その後もますます深まり、具体的な提言や創価学会の活動の一つとなって示されていきます。たとえば一九八三年以後、毎年一月に発表される「『SGIの日』記念提言」のほか、「自然との対話」と題した写真展の日本および世界各地での多数の開催などがあります。これらの提言や展示では、「環境への問題意識をもとう」とのメッセージが強く発信されています。

また、ホフライトネル・ローマクラブ名誉会長との対談集『見つめあう西と東――人間革命と地球革命』（二〇〇五）でも、人類が、地球環境問題をはじめとする地球的問題群を克服し、発展と共生《きょうせい》の道を進んでいくためには「人間革命しかない」との、両者の一致した見解が述べられています。

創価思想の観点

戦前の牧口常三郎《まきぐちつねさぶろう》初代会長の創価教育学会の活動、そして戦後における、戸田第二代会長の再建にはじまり、その後、池田第三代会長の指導のもとに発展してきた創価学会の活動は、高い理念ときわめて身近な実践とを結合しようとしてきたと思われます。

牧口初代会長はその著書『価値論』（一九三一）のなかで、「幸福以外に人生の理想はあるであろうか」と問い、結局、それは幸福以外にはなく、教育もこの幸福を目的とするものでなければならないと述べています。

幸福の内容は美《び》・利《り》・善《ぜん》という価値※と結びつきます。牧口会長は「価値は主体と対象との関係性である」という立場から、この価値全般について体系的に考察するとともに、価値創造の仕方（創価法）を教育に応用しようとします。そして『価値論』の序で、どうして自分は価値の問題に没頭するのかと自問し、「それは余《よ》（注＝自分のこと）の学問の対象が常に生活を離れないからであらう」（『牧口常三郎全集』第五巻、第三文明社）と自答しています。

※牧口常三郎は、新カント派の真・善・美という価値体系に対して、美・利・善という価値体系を唱えた。価値は主体と対象との関係性を意味し、「人間生命を伸長」させるものが正の価値であり、反対に「生命を短縮」させるものが反価値である。正価値に美（部分的生命に関する感覚的価値）、利（全人的生命に関する個体的価値）、善（団体的生命に関する社会的価値）があるとした。第Ⅰ部第２章も参照。

この牧口会長にはじまる「生活の学問」にこそ、創価＝教育の原点があるといってよいと思います。それは、もっとも身近なもの、すなわち、日々の生活そのもののなかに、もっとも大切なものがあるという観点です。

こうした観点があったからこそ、戦後、創価学会が飛躍的に発展したと考えられます。つまり、創価学会の活動が深い理念性をともなった日常活動にあったからこそ、多くの賛同者を得ることができたのだといえます。日蓮の御書（遺文集）や教学の学習を通じて仏法教義の理解を深めるとともに、また教義の現代的、具体的な展開を重要視していますが、そこには「世界平和、一切衆生の幸福」という理念の実践がみられます。

こうして、もっとも身近な場面を大切にすることにより、次第に質的な深化と量的な拡大がなされていったといってよいでしょう。

人間革命の哲学

牧口初代会長の価値論は、戸田、池田両会長の人間革命論へとつながっていきます。

つまり、生活の主体である私たち自身の変革＝人間革命にこそ、価値創造の最大のポイントがあるとみることです。

人間は本来、世界（環境）と一つであるといえますが、ただそうみるだけでは観念論です。自分を世界へと開くところに、現実の変革が可能となります。この実践論がすなわち〈人間革命という実践哲学〉だといえるでしょう。

ここに、仏法思想の一つとしての縁起《えんぎ》思想、つまり「すべての存在は相互に関連しあっている」という思想の展開をみることができます。そしてまた、「価値は主体と対象との関係性である」とした牧口初代会長の価値論が、戸田会長、池田会長の「人間革命」という概念と結合することによって、具体的となり、またその実践のありかたが明確になったということができます。「創価」という言葉が意味する「価値創造」は、その大きな意義が、人類的・地球的価値の創造へ向かっての一人一人の人間革命にあるといえるのではないでしょうか。

創価思想、そしてそれにもとづく創価運動とはなにか。私自身は、一つの視点として、「すべてのものは変化流動している。この変化し流動する世界のなかで、最高の価値、普遍的《ふへんてき》な価値を創出していくこと」であるといえるのではないかと思っています。「世界が変わっても、自分は必ずしも変わらない。しかし自分が変われば世界は必ず変わる」という人間革命の原理は、依正不二《えしょうふに》（環境と主体が一つであること）という仏法思想にもとづいているのです。また、自己自身の変革が一切の要《かなめ》であるということは、大なり小なり、日常においても体験する事実だといえます。ですから、この変転しゆく世界という舞台の上で、どう世界をつなぎとめ、人間的なものへと創《つく》りあげていくか、それは主体である私たちにかかっているということになります。

このように、創価思想は、すべての人にとって、もっとも身近なものであるこの自分自身とそのありかたこそ、もっとも肝要であるということを主張するのです。

池田会長の主著である『人間革命』第一巻の「はじめに」に掲《かか》げた主題、つまり「一人の人間における偉大な人間革命は、やがて一国の宿命《しゅくめい》の転換《てんかん》をも成し遂げ、さらに全人類の宿命の転換をも可能にする」との一文は、そうした実践的な人間主義に立つ、創価思想の運動全体を示しているということができます。

2　現代における理念の復権

言葉の力

私たちにとって言葉《ことば》はなくてはならないものです。コミュニケーションのみならず、〈考える〉ということも言葉がなくてはできません。人間と動物の違いは、この〈言葉を使って考える〉というところにあるといえます。人間が、精神的な意味で成長する動物だということ、それはこの優れた言語能力にあるといってよいでしょう。

言葉を操《あやつ》る人間の能力のことを理性《りせい》と呼びます。言葉、理性（そのほか法則、論理）のことを、ギリシア語で「ロゴス（logos）」といいますが、とくに古代では、言葉はたいへんな力をもっていると考えられていました。「はじめに言葉があった」とか、「言葉は神であった」そして「万物は言葉によって成った」というような表現が聖書（『ヨハネによる福音書』）にあります（聖書では一般に、ロゴスを言葉と訳しています）。

日本でも、古代には、言葉には霊的な力が宿り、言葉を発することは現実になんらかの影響をもたらすという「言霊《ことだま》信仰」があったことが知られています。古代では「事」と「言」は同じ〈コト〉だったといわれます。言葉を発することは、そこにその言葉が示す事象を生じさせること（出来事）になるのです。

ですから、そうなってほしくないことは、けっして言葉にしてはならないという、「忌《い》み言葉」もできたのです。たとえば梨（ナシ）という名称は「無し」に通じることからこれを嫌って、家の庭に植えることを避けたり、「有りの実（アリノミ）」という反対の意味をもった呼び名が使われたりします。

また、言葉は直接、間接に心に訴えかけ、影響を与えます。励《はげ》ましの言葉は相手に活力を与えます。反対に相手を意気消沈《いきしょうちん》させるような言葉もあります。また、自分のモットーなど、とくに大切にしているような言葉もあります。モットーは信念を言葉で表現したものですが、これによって自分を鼓舞《こぶ》するということもあるわけです。このように、喜ばせたり、悲しませたり、励ましたりという、言葉のもつ作用には驚くばかりです。

言葉が私たちの生きかたと深くかかわっていることは明らかです。深い思索によって自分の心に宇宙を築いていくとともに、心の通う対話によって互いの宇宙が共鳴し、より大きく豊かな宇宙が開かれていくのではないでしょうか。こうしたことはみな、言葉の力によっているわけです。

近代的理性について

古代の人々は、こうした言葉のもつ力に特別に敏感だったといえるかもしれません。あるいは、古代においては言葉そのものが生き生きした力強いものであったということもできると思います。

しかし、近代になると少し様子が変わってきます。それは、近代では、言葉がかつてもっていた生き生きした性格を失ってしまったように思われる点です。これはまた、言葉を使う人間の能力である理性そのものの変化を示しているともいえます。理性が人間の優れた力であることに変わりはありませんが、どうもその中身《なかみ》が古代のそれとは異なってきているようです。

この、近代に特徴的な理性のことを、「近代的理性」と呼んでいます。近代的理性は、その性格として、〈計量し計算する〉能力という性格を強くもっています。じつは、近代から現代にいたるまで、人間のそうした能力が高く評価されてきた背景があります。

たとえば、「彼は頭がいい」というと、すばやく計算し判断をすることができる人だというような意味でしょう。いわゆる「頭がキレル（鋭利な）」人だということです。いろいろなことがらを整理・分類し、数量化して計算する。原因、結果をすばやく結びつける。スピードの時代、そうした能力が評価されるのは当然かもしれません。

しかし、古代の理性は、その性格からして、この近代的理性とはかなり異なっていました。古代の理性は、世界や宇宙のありかたと深くかかわっていたのです。古代においては、世界や自然のありかたを探究することが、同時に、私たちが生きていることの意味や、価値を探究することでもあったのです。ロゴスとは言葉であるとともに理性を意味しますが、人間のもつロゴスはまた宇宙のロゴス（ありかた・論理）とも通じていました。したがって、古代では、哲学はこの宇宙的ロゴスの観想《かんそう》（テオーリア）という性格をもっていました。

この違いは、〈考える〉ことにも反映しています。「真理の探究」とは、ものごとの本当のありかたを問うことだといえますが、そのアプローチの仕方に二つあります。一つは、〈哲学的探究〉といってよいものですが、その探究は「それがそうあるのはどうして（なぜ）なのか」という問いとなります。つまり、ものごとの目的、理由あるいは原理を問うということです。ものごとには、それがそうある理由が必ずあり、とくに古代では、それを問うことが最大の関心事だったのです。

これに対して、近代的理性にとっては、「どのように（いかに）あるのか」という問いがその中心的活動となります。こちらは〈科学的探究〉ということができます。

古代的なものと比べると、近代的理性は、真理や生きる意味を探究するものというより、もっぱら技術的関心、あるいは実用的な関心を強くもっています。したがって同じ

「ものごとのありかた」といっても、古代のそれは目的論的であり、近代のそれは方法論的となります。私たちも、なにかしようとするとき、その目的についてはあまり話題にせず、どちらかといえば「どうしたらうまくできるだろうか」と、すぐに方法論に関心が集中しがちではないでしょうか。

こうした近代的理性を、ホルクハイマー（一八九五～一九七三）というドイツの社会学者は、「道具的理性《どうぐてきりせい》」と名づけました。それはつまり、理性が道具（英instrument）としての役割をもつということです。仕事をうまく成し遂げる手段が道具ですが、道具ですから、「なんのため」とか「どういう意味があるのか」と問うことはしません。ひたすら与えられた目標を「どうしたら」完遂《かんすい》できるかに力を注ぐだけです。

現代社会では、理性には道具としての即効性、効率性が求められます。たしかに、「頭が切れる」人とは、そうした道具的能力が高い人のことをいうのでしょう。同じ〈キレル〉でも、「頭がキレル」と、「我慢がキレル（プッツンする）」とは意味が違うのですが、この二つの〈キレル〉は、どこかでつながっているような気がします。

生き生きした言葉・理性へ

近代そして現代では、理性が古代のような生き生きしたものではなく、なにか縮小されたものになっているといえそうです。

そしてこのことは、言葉のもつ重要な機能である、コミュニケーションと思考にも反映しているようにも思われます。つまり、コミュニケーション（意思の疎通《そつう》）についても、全体的というより部分的となり、細部にこだわるという意味で限定されたものとなり、思考についても迫力を欠いた小さなものとなっているのではないかということです。

言語・理性は、ことがらを「理解」し、人を「説得」し、そして「納得」させる力をもっています。この〈得心《とくしん》の力〉、つまり、心を満足させるということが、言語や理性の本来の力にほかなりません。しかし近代的理性は、そうした〈人間の心を動かす力〉の圏外にあります。

言葉が、目的や価値を探究するという機能を失ったとき、本来、人間のためにある言葉が、人間に直接訴えかけることのない、たんなる道具になってしまいます。言葉が目的性を失い、たんなる手段となってしまうのです。

ドイツの哲学者ハイデッガー（一八八九〜一九七六）は、「言葉は存在の住《す》みか」であるといい、現代は言葉が本来あるべき〈存在〉を失った時代、いわば「故郷を喪失《そうしつ》した時代」だと述べました。こうした哲学者の分析も、現代における言葉・理性が抱える問題を、同じく指摘しているといえましょう。

現代とくに大切なことは、言葉に、あるいは理性に、目的や価値を取りもどすことです。目的、価値を取りもどすといっても、言葉や理性のほかに、なにかを外から付け加えるというのではありません。むしろ本来、言葉や理性がもっていた生命を蘇《よみがえ》らせることです。そうした言葉や理性は生き生きとしてきます。

この意味で、思い浮かぶのは詩の言葉です。詩の言葉は生命をもった言葉といえ、ちょうど乾いたのどを潤《うるお》すように、その響きは直接、心に届くような気がします。たとえば、タゴールやホイットマンの詩にしても、そこでは自然と精神とが溶けあい、生命の交響楽が奏《かな》でられているといってもよいのではないでしょうか。

人間は、コンピューターとは違って、「どうして（なぜ）？」と問うことができます。このように問えるということは、人間というものが目的や価値を問題にする存在だということを示しています。いいかえると、人間は「理念（イデー）」をもつことができるということです。私たちの理性は、理念をもつことで、たんなる合理性ではない、生き生きとした豊かな思索が可能となるのです。逆に、理念を欠いた理性は、生命《いのち》のない理性、枯渇《こかつ》した理性だといえるのではないでしょうか。

言葉は理念性をもつことで、世界と切り離された無機的な性格とか、たんなる指示記号としての役割のものではなく、世界と一体になった言葉、あるいは肉化《にくか》した言葉として復活するのではないでしょうか。「言葉を大切にしよう」としばしばいわれます。一語一語がもっているコスモス（秩序、宇宙）を大事にするとき、それは私たち自身の生命のコスモスを形成するのです。思索、対話という言語活動は、その意味においてコスモロジー（宇宙形成）だといえます。その意味から、現代は、理性そして言葉の大きな転換期ではないかと思います。

理念の復権

　考え、判断する力である言葉や理性を、ふたたび生き生きしたものとして取りもどすにはどうしたらよいかということになります。それは、さきに述べたように、いつのまにか見失われてしまった理念性をもう一度取りもどすことにあるといってよいでしょう。理念性を取りもどした理性や言葉は、活性化され、そうして蘇《よみがえ》った理性や言語は、人生と社会を正しい方向へ建設する力となっていくはずです。

　近代哲学を代表するドイツの哲学者カント（一七二四～一八〇四）の想いも、そこにあったように思います。カントは、理性に理念性を取りもどしたかった。しかし、合理的な思惟《しい》（これを「理論的理性」といいます）は、理念をうまく扱うことができないのです。たとえば、〈時間や空間は有限か無限か〉という問題について、合理的な思惟は〈有限とも無限ともいえる〉とするのですが、それでは二律背反となり、答えになりません。合理的な思惟である理論的理性は、どうしても生きた理念を把握（認識）できないのです。

そこで彼は、実践的理性においてこそ理念が生きている場所があるということを見いだします。そして道徳的行為を命じる理性のもつ法則、つまり「わが内なる道徳法則」こそが「わが上なる星ちりばめた天空」（カント『実践理性批判』のことば）同様、理念が躍如《やくじょ》している場だということを示したのです。

理念は、合理的な理性からすると、たしかに非合理的な性格をもっています。ですから、合理的思考は理念的なものを扱いにくいのです。たとえば「永遠」とか「世界」とか「使命」などといった、豊かな理念性を含んだ言葉を、合理的に説明することはなかなかむずかしいのです。しかし、私たちの理性は、ものごとをたんに合理的に考えるだけではありません。むしろ具体的な場面においては、合理性を突破して、さらに大きなもの、深いものへと進んでいくことがあります。そして、そこにこそ、理性本来の生きした働きをみることができるのです。

古代の理性は世界や宇宙のありかたと結びついていた、ということを述べました。古代では、そうした全体を観想するということのなかに、理念的な理性の働きがあり、そこに言葉や理性のダイナミズム（力動性）が生み出されたと考えられるのです。

それでは、現代にあって、こうした理念的なものを回復するにはどうしたらよいのでしょうか。古代のようにたんに全体を観想するだけでは、もはやそれは不可能だと思われます。むしろ現代では、カントも考察したように、実践的に、つまり現実の行為のなかで、理念性を回復することではないかと思います。その意味では、現代においては、理念といっても実践的、現実的な概念として、私たちの生活のなかで具体的に生かされるものでなければならないということがいえます。

3　二十一世紀をリードする二つの理念

ここで、現代とこれからの世界においてとくに重要となると思われる、二つの理念をあげてみます。それは、「調和」と「生命の尊厳」という理念です。この二つの理念は、私たちの生活をリードするとともに、二十一世紀という時代を大きくリードしていく、たいへん重要な理念であると思います。

共に生きる世界

「調和」は、「共生《きょうせい》」や「共存《きょうぞん》」という理念とも深くかかわっています。

生あるものはそれぞれがユニークなものです。それぞれがオリジナリティー（独自性）をもっています。一本一本の草花から、一匹一匹の動物、そして一人一人の人間にいたるまで、すべてが自分の生を生きています。すべてがかけがえのないものといってよいでしょう。

そして同時に、すべてが他のものとともにあるのです。他のものの存在なくして、自己はないといえます。そうした全体のダイナミズムのうえからいえば、お互いに他のものを励ましあって生きているということにもなります。他のものがあるということは、そのものからなんらかの恩恵をこうむっている、またこちらからいえば他のものに対してなんらかの役に立っているということです。その意味で、〈ともに励ましあっている〉ということが、この世界の一面の真実といえるのではないかと思います。

「共生」あるいは「共存」という言葉は、そうした生あるもののありかたを示しています。自然界において、二つ以上のものが互いに助けあって生きているという事例は、けっして特殊なものではなく、一般にみられるものです。また、いまは広く知られている「生態系《せいたいけい》ecosystem」という概念は、二十世紀になってできた概念ですが、ある一定の区域に存在する生物と、それを取り巻く環境とが、ひとまとまりの体系をなしていると考えることです。すべてが他に作用を与えつつ存在しているということ、このたいへん複雑ですがダイナミックな総体が生態系です。

また、社会においても同様なことがいえます。世界にはいろいろな社会、多くの国々があります。それらはそれぞれが歴史的な由来をもち、文化をもっています。一つの社会、一つの国だけが正しいものだということはいえません。むしろそれぞれが独自な社会や国であり、その社会、国に生まれ育った人々にとっては、かけがえのない大切なものです。したがって、互恵《ごけい》平和といいますが、互いに他の社会や国を尊敬しあう、また助けあうということが、この地球上に「平和」をもたらすありかたになっていくわけです。

この「共生」「共存」という観点からすれば、他を滅ぼすということは自己をも滅ぼすことになるということですから、そうした全体の消滅をもたらすような大きな暴力はありえない、あってはならないものということになります。

調和という理念

ところで、こうした共存や共生という考えかたを含む伝統的な概念として、「調和」という概念があります。この概念は、本来豊かな理念性をもっています。したがって調和理念というべきでしょう。この調和理念こそ、ものごとのありかた、関係を考えるうえで、なくてはならないものです。

調和という理念には、さきにも触れた仏教の縁起《えんぎ》の考えと深く通じるものがあります。すべてのものは孤立して存在しているのでなく、相互に依存しあっているというのが仏教の縁起思想です。調和とは、（状態としていうならば）すべてのものが全体としてバランス（均衡）をとりつつ存在していることですから、事物は単独にあるのではないという考えが本来、背景にあります。

さらに、調和はもともと固定された状態というより、もっと動的なありかたをさしています。その点、仏教の「縁起」という概念が、もともと「縁《えん》により生起《せいき》する」という動的な意義をもっていることと通じているといってよいと思います。とにかく、ものごとともののごとがダイナミックな関係を展開しつつ、全体としてバランスがとれていることが調和だといってよいでしょう。

　人間関係しかり、人間と環境の関係しかり、心と体の関係もしかりです。人間と人間のバランス、人間と環境のバランス、心と体のバランスと、両者の関係において良好なありかたが成立していること、これが調和です。バランスが失われると、人間関係の悩みとなり、環境問題が生じ、心身の不調が生じてきます。こうした人間や自然のありかたのほかにも、さらに政治、経済といった分野にあっても、調和的なありかたが望まれるということは明らかだといってよいでしょう。

「調和」という言葉は古くからある言葉です（現代中国では「和諧《わかい》」といいます）。古代の人々はこの言葉に深い理念性を見いだしていたのです。しかし、現代人はこの言葉に、深い理念性があることをほとんど忘れかけています。現代、私たちは、環境問題をはじめとしてさまざまな地球的規模の問題を抱えていますが、これは調和理念を忘れたことで生じたといっても過言ではありません。また、戦争にみられる国家間の相互不信も、調和を失った状態だといえるでしょう。

私たちは、古来、東洋的伝統に流れてきた、この調和の精神、知恵に学ぶときに、こうした現代の諸問題の根がどこにあるかを知り、どのように問題解決の道が開かれるかについての展望をもつことができるように思います。その意味から、調和は二十一世紀をリードする理念だということができるのです。

生命とはなにか

もう一つは「生命の尊厳」という理念です。「調和」理念は現実的な意義を強くもった理念といえますが、さらに「生命の尊厳」という理念は、調和理念の根柢《こんてい》をも支える、いっそう深い哲学的意味をもった重要な理念です。

この理念について述べる前に、まず「生命」について少し考えてみます。

現代という時代は、「生命とはなにか」について、もう一度しっかり考えてみなければならない時代です。ニュース報道などをみても、現代社会は「生命《いのち》を粗末にする」事件がたいへん多いように思います。自分の生命に対しても、また他者（人間はもちろん、動物も含めて）の生命に対しても、そうした傾向がみてとれるのです。なにか生命を自分とは関係ないものとして考えているかのようです。

じつは人間にとって、生命ほど身近なものはないのですが、身近すぎてみえない、わからないという面があります。「生命とはなにか」は、いわばすべての思索、すべての学問の基礎になくてはならない問いなのですが、自分を振り返ることの少ない現代では、この問いを素通《すどお》りしてしまいがちなのです。その結果、生命への無感覚、無理解が生じているとしたら、これは教育にとっても由々《ゆゆ》しき問題です。

「生命科学（ライフサイエンス）」という学問があります。この呼称《こしょう》は、いわゆる物質を対象とした科学、つまり「物質科学」に対して、生命を対象とする科学という意味をもち、これも二十世紀になってつくられた名称です。この名称には、生命というものに対する大きな関心が読みとれます。しかし、その内容はどうでしょうか。

これまで、生命を取り扱う学問は生物学でした。十九世紀の半ば以後、生物学が大きく発展し、二十世紀にはとくに「分子生物学」と呼ばれる学問分野が開拓されました。

分子生物学とはその名のとおり、生命現象を分子レベルで研究し、解明しようとするものです。その研究方法は、生物学の基礎のうえに物理学・化学の方法を用いて分析を加えるというものです。それはたとえばＤＮＡ※分析などの面で成果をあげています。

※ＤＮＡ（デオキシリボ核酸）は、ほとんどの生物において遺伝情報を担う生体物質。生体のタンパク質のありかたを決めることから、「生命の設計図」とも呼ばれる。

ただ、こうした現代の生命科学をみてみますと、生命科学が「生命を対象とする科学」であるという触《ふ》れ込みにもかかわらず、実際のところ、ここで対象とする生命とは〈生命とみられる現象〉あるいは〈生きている物〉にならざるをえないのです。しかしそうだとすると、「物質科学」に対する「生命科学」という、もともとの意義づけがどこかあいまいになってきます。両者をせっかく分けながら、実際には同じものとして扱うということですから、「生命科学」という名称自体がどうもはっきりしないということにもなってしまうのです。

自然科学の対象は、基本的には現象であり、物体です。ですから生命といっても基本的には〈生命現象〉であり、〈生命体〉として扱われるといってよいでしょう。しかし、生命そのものがそこで本当に解明されるのでしょうか。はたして、この方向に「生命とはなにか」の答えがあるといってよいのでしょうか。

トルストイの指摘

もしもあなたが生命科学者だとしたら、つぎのトルストイの主張に対してどう答えますか。

「われわれは、たとえば、細胞には生命があるとか、細胞は生きた存在であるとか言う。にもかかわらず、人間の生命の基本概念と、細胞に存する生命の概念とは、まるきり異なるばかりか、結びつけることさえできぬ二つの概念なのである」（トルストイ『人生論』原卓也訳、新潮文庫）

むろん、トルストイ（一八二八〜一九一〇）はいまから一世紀も前に亡くなった人ですから、現代科学の最先端を知っているわけではありません。それにもかかわらず、彼の言葉は、現代においてこそ、いなむしろ現代においてこそ、大きな意味のある問いかけだといえます（トルストイを作家、文学者としてみる人も多いのですが、むしろ彼は、人生、生命の根本問題に生涯をかけて肉薄した、偉大な哲学者、宗教者であったと思います）。

トルストイは「人間の生命の基本概念」と「細胞に存《そん》する生命の概念」とを分け、この二つの生命概念はまったく質が違うものであり、これまでの生命探究はたんに細胞単位の物質的探究であり、人間的生命とはまったく無関係なものだったというのです。

もう一つトルストイの言葉を引用します。同じ内容だといえますが、こちらはさらに厳しい指摘です。

「誤った科学は、生命に付随するさまざまの現象を研究しながら、生命そのものを研究していると思いこみ、その想定で生命の概念をゆがめている。だから、生命とよんでいるものの現象の研究に時間をかければかけるほど、研究しようとする生命の概念からますます遠ざかってゆくのである」（同）

トルストイの批判は、科学の（むしろ科学者の）思い違いについての指摘です。それは「生命そのもの」と「生命現象」の混同にあるということです。「生命とはなにか」という問いに対する答えかたは、二つあるのですが、トルストイにいわせれば正解は一つだけ、「生命そのもの」の探究しかないといいます。その探究は、科学ではまず不可能なのです。

科学（とりわけ自然科学）が「生命現象」を詳細に観察、分析し、さまざまな知見をもたらしたことは周知のことですし、そうした科学のもつ力を否定することはできません。しかしそれをもって「生命そのもの」が十分に解明できると思うことは誤りだというトルストイの指摘だといってよいでしょう。

では、科学だけではできない「生命そのもの」の探究は、どのようにすれば可能なのでしょうか。

生命の尊厳へ

私たちはいったいなぜ、「生命」について知りたいと思い、研究しようとするのでしょうか。考えてみると、このことは不思議なことです。

その一つの理由として、「生命を知ることが自分を知ることになる」というある種の期待、あるいは予感のようなものがあるのではないかと思います。人間にとって自分ほど、不思議なものはない、わからないものはないということがあります。自分はなんであり、なんのために生きているのか。それを知りたいという思いが、「生命とはなにか」という問いへと向かったといえるのではないでしょうか。

そしてもう一つは「生命はもっとも大事なもの」という、これも一種の予感あるいは漠然とした了解といってもよいかもしれませんが、理由があげられると思います。「いのち」という言葉は「もっとも大切なもの」という意味をもっていますが、生命が大事ということは世間の通念でもあります。

この二つの理由はもちろん重なりあっています。自分が大事だから生命が大事であり、生命が大事だという意識はそれ自体、自分自身の自覚と結びついています。この自覚があるからこそ、私たちは生命を探究しようとするのだといえます。

生命の探究と人間の自覚はこうして深く関連しているのですが、さらにここにはめざすものがあります。

生命の探究者トルストイは「人が生命を研究するのは、生命がよりよいものになるためにほかならない」といいます。自覚の哲学者ソクラテスも、人間にとって一番大切なことは「魂がよくなるように気を配ること」だといいました。

ここに「生命」を考えるうえでの大切なポイントがあるように思います。つまり、「生命とはなにか」という問いが求めているものは、たんに生命というものの科学的説明のみではなく、じつは「生命がなぜもっとも大事なのか」という問いへの答えなのです。

この問いは、長い間歴史の下に隠れていた問いです。この問いは、ときには先覚者によって示されることもあったのですが、またすぐに隠れてしまいました。そして、現代——生命が危機に陥《おちい》ろうとするまさにこの時代——に、はっきりその姿を現したといえます。いいかえれば、これこそ現代の最大の問いであり、人類史的な意義をもった問いかけだということです。この問い、つまり「生命がなぜもっとも大事なのか」という問いとは、「生命の尊厳」の問いにほかなりません。

尊厳とは、最高価値をもった存在を意味する言葉です。「尊厳なる」という形容詞は、これまで人間を、また私たち自身を離れたものについて与えられてきました。それは天上のものであったり、彼岸《ひがん》にあるものでした。いまや、この形容詞はもっとも身近なもの、いまここにあるものにこそ与えられる形容詞となったのです。つまり、人間自身、私たち自身、そして生命そのものについて与えられるものになったといえます。

こうして「生命の尊厳」の探究こそ、私たちにとって最大最深のテーマとなります。それは最高の存在の探究であるとともに、自分自身の探求なのですから、全力をあげて探究すべきものだといえるでしょう。ここに、現代における「生命の尊厳」という理念の重要性があるといってよいでしょう。

池田会長の提唱

池田大作会長は論文「生命を尊厳ならしめるもの」において、つぎのように述べています。

「社会体制と幸福、物質的豊かさと幸福感とは直接に結び付くものではなく、人間生命という、とらえがたいが無視することのできない実体が、その間にあることを意識せざるを得なくなったのである。否、それは単に中間にあるなどというものではない。実は、この〝生命〟こそ一切を包含する全体であり、生命の尊厳をこそ何よりも優先して考慮しなければならないことが明白となったのである」（『池田大作全集』第一巻）

人間は皆、幸福を求めているといえます。そして人間が生み出した一切の社会体制や文化あるいは学問も、じつはこの幸福を目的としているといえます。しかし、現実には、種々の社会体制の争いや、異なる文化間での軋《きし》みもあります。また物質的な充足が精神的な充足をもたらすものとはいえません。

こうした乖離《かいり》した現象は、そこになにか重要なものが見失われているということを示《し》唆《さ》しています。二つのものを媒介するもの、あるいは二つのことがらがそこで成り立つ場所といってよいかもしれません、それが重要なもの、一切を包含する全体としての実体にほかなりません。それが池田会長のいう〝生命〟です。

この生命という場に降り立ったとき、さまざまな社会体制や文化・学問は、その本来の同じ出生地にもどることができます。そこでは、心と体、精神と物質、社会と個人、環境と人間とが結びつくということができます。これまでこの結びつきは「統一」とか「総合」とか呼んできたものですが、その実体はさまざまに語られ、あいまいなままでした。ところが、いまやそれは「生命」として、明確な姿を示すことになったということを、さきの池田論文は語っています。

そして、この生命を第一のものとすること、つまり「生命尊厳」の理念こそが、すべてに優先するものとして確立される必要があるということを主張しています。一般には、「生命の尊厳」といっても、それはなにか尊厳な感情を意味していると理解されるかもしれません。たしかに、尊厳性を実感できることはすばらしいことでしょう。しかし、それだけだとしたら、かなり個人的なことがらになってしまいます。

「いわゆる〝生命の尊厳〟ということは、こうした感情と同等に論ずべきものではない。個人的な性向や生活体験の結果として、具体的な個々の人間・生命に感ずる尊厳性ではなく、普遍的な理念として、具体的な行動や態度の起因となるものである」(同)

つまり、「生命の尊厳」は感情ではなく、あくまで理念であるとの主張です。理念であるゆえに、誰にとっても同じく実践原理となることができるのです。

「これから築かれなければならない文明は、その最も基底部から頂上に至るまで、〝生命の尊厳〟という哲理の純白の結晶で築かれた高峰《こうほう》でなければなるまい」(同)

池田会長はすでに早くから二十一世紀を「生命の世紀」と呼んでいます。これは、二十一世紀こそ、これまでは隠されてきた生命の実体が、すべての人に明らかになる世紀であるということを宣言したものだといってよいでしょう。それはおそらく人類の人間宣言ともいうべき、歴史のうえでも画期的な宣言です。

こうして「生命の尊厳」こそ、新しい人間主義的文明を築き上げる基本的なコンセプトであり、二十一世紀をリードする理念であるといってよいと思います。

二つの理念の関係

「新・人間革命」の文中で、池田大作会長はつぎのように述べています。

「人間が生命的存在であるということは、いかなる社会、国家、民族をも超えて普遍的であり、かつ絶対的な事実であります。それに対して、社会的存在としての人間は、時代、民族、国家の違いによって異なってくる。

その意味で人間が真に人間らしく生きるためには、まず自らの原点であるこの生命的存在という大前提を確認して、そこに立脚点をおかねばならない。

つまり、『タテには人間存在の根源である生命的存在に立脚し、現実行動のうえでは、ヨコに、その生命的存在を共通とする地球人類という普遍の連帯をもつこと』

こそ、現代に必要な視座であると訴えたいのであります」（「新・人間革命」『聖教新聞』二〇〇七年十二月十五日付）

ここでは、人間における二つのことがらの関係が述べられています。つまり、普遍的・絶対的な意義をもつ生命的存在と、特殊的な面を示す社会的ありかたとの関係です。そして、池田会長はあくまで人間の根源、原点は自らが生命的存在であることだとします。そして、この根源・原点を、自分が置かれた社会の広がりのなかに実現していくことのなかに、世界の人々が理解しあい、平和が築かれると考えています。

このタテとヨコとの関係は、ここで述べてきた二つの理念の関係にあてはめて考えることができると思います。「調和」という（ヨコの）理念と、「生命の尊厳」という（タテの）理念、この二つの理念は深く響きあっています。

「調和」理念はその理念性において、生命のありかたと別のものではありません。調和は生命のありかたの具体的な一表現だといってよいでしょう。生命の尊厳こそ、調和を支える根本の原理なのです。いいかえると、生命の尊厳が確立してこそ、調和もその十全《じゅうぜん》な意味で完成するということです。

創価思想がもとづいている経典に法華経があります。法華経には壮大なコスモロジー（宇宙論）、そして生命論が展開されていますが、その中心的な内容として、つぎの二つのものをあげることができます。

その一つは、この宇宙のすべての現象、存在がそれぞれ異なるものでありながら、その本質においては平等であるという原理です。経典（および釈義）においては十界互具《じっかいごぐ》として述べられ、地獄界から仏界までの十種類の法界《ほうかい》（区別された現象）すべてが互いに十界を具《そな》えているとしています。すべてのものが仏界を具えていますから、すべての万物は異なるものでありつつ同じく成仏できるという平等性を示しています。

そしてもう一つは、経典では釈尊の寿命が長遠であることが述べられていますが、これはいいかえれば生命の永遠性を述べたものといえます。生命が永遠であるということは、たんに、時間的な永遠を意味するというだけでなく、生命の尊厳性をいいかえたものだということができます。

このように法華経は宇宙論、生命論として、ヨコとタテに（縦横に）説明しているのですが、ここに池田会長が述べた人間の社会的ありかたと生命的存在の関係をみることができるように思います。そして同時に本書で論じようとする「調和」と「生命尊厳」という二つの理念の関係とも重なってくるように思われます。

今後、「調和」理念は平和社会構築への指導理念となり、その根柢《こんてい》ともいえる「生命の尊厳」理念は、真に幸福な社会構築への指導理念となると思われます。その意味で、この二つの理念は、「生命の世紀」である二十一世紀をリードしていく理念であると考えます。

第Ⅰ部　調和社会へ向けて

第1章　現代の危機の本質

東洋の智慧

「現代こそ、東洋の智慧に新たに光を当てるべき時である」――これは、池田大作会長と中国の二人の東洋学者との鼎談《ていだん》（『東洋の智慧を語る』、『池田大作全集』第一一一巻）における、一致した結論です。

現代は核問題や環境問題をはじめとする、さまざまな内容の地球的問題群を抱えています。その問題群に関しては、もはや小手先《こてさき》の対処法では解決できなくなっているというのが、現代の状況です。こうした現代の危機ともいうべき事態に対し、どのような根本的な対処の仕方があるのか、真剣に考えざるをえません。

「東洋の智慧」へ注目することで、地球的問題群への有効な解決法が見いだされるというのが、この対談での主張です。それでは、この「東洋の智慧」とは何であり、どのように現代の危機に対処することができるのでしょうか。それは、小手先のものではないはずです。つまり、この現代の危機といわれる現象を生み出している原因、すなわち〈危機の本質〉に迫るものでなければなりません。

そして東洋の智慧である調和理念こそ、現代の危機の本質に対し、もっとも有効な対処法である――というのが、上記対談の結論だといってよいでしょう。

科学技術の発展がひき起こす問題

いまから数世代前の人々は、その時代に解決が困難な問題は、いずれ科学の発展とともに解決するはずだと考えていました。科学技術への信頼は、それほど大きなものだったのです。その後、多くの課題が解決したこともたしかです。しかし、以前に比べて科学技術が飛躍的に進んだ現代ですが、問題はけっしてなくなってはいません。なくなるどころか、ますます大きな問題、深刻な問題が増えてきています。

科学技術の進展は同時に、新しい、より大きく複雑な問題を生じさせるということがあります。しかも、その新しい問題への認識が弱い場合はもちろんのこと、とりわけ問題の対策にかなりの投資が必要になるというような場合には、ついつい解決があとまわしになってしまうことが多いものです。しかし、そうしているうちに、問題はますます深刻になります。

そうした反省から、科学技術の発展そのものはよいとしても、新しい開発や応用にあたっては、少なくとも最低限のチェックが必要だといわれるようになってきました。開発応用の必要性と適切性、公益性、またその影響性（副作用・副産物がどのような影響をもたらすかも含める）など、第三者によってチェックするということが、高度な科学技術の領域でしだいにとりいれられ、国際的なチェック機関もつくられるようになりました。

たとえば原子力発電では、その開発が他の目的に転用されないかどうか、また正しく運用されているかどうかが大きな問題となります。国際原子力機関（IAEA）は、そうした原子力の平和利用のためにあるチェック機関です。また、医療技術や生体研究に関しては、生命倫理問題を含むとして、開発や応用に対して法的な制限を設けている国が多くあります。問題によっては、各国の足並みをそろえる必要もあり、国際基準づくりも盛んになされるようになりました。

しかし、問題がなくなることはなく、さらに多くのむずかしい問題もつぎからつぎへと起こってきます。最近では、携帯電話やインターネットをはじめ、高度な電子技術の急速な普及により、さまざまな新しい社会問題が生じつつあります。科学技術の発展が犯罪を多様化させている面もあります。

精神の危機こそが本当の危機

いうまでもなく、科学技術を用いるのは人間です。開発や応用は人間の判断によって行われます。結局、人間の心や精神のありかたが、それらを大きく左右するということはまちがいないわけです。ですからもっとその点に関心をもち目を向けるべきですが、じっさいにはその点は素通りされてしまいます。

現代のような高度な科学技術社会、複雑な社会機構・制度のなかにあって、人間の心とか精神はその存在意味が薄らいでしまい、ひたすら社会の経済的発展に寄与することだけが求められるという風潮が一方にあります。時代のこうした風潮にこそ、じつは大きな問題がひそんでいます。

かつて、デカルトは「真実と虚偽とを見分け、正しく判断する力はすべての人に生まれつき平等に備わっている」(『方法序説』)と述べ、人間精神のもつ自律性を高く評価したのですが、彼はさらに「よき精神を持つだけではまだ不完全であり、よき精神を正しく働かせることが大切なのである」と付け加えることを忘れませんでした。「正しく働かせる」とは、精神の自律性を誤りなく導くということでしょう。デカルトはその仕方を「方法」と名づけたのです。『方法序説』は、まさにこの精神の自律性を「正しく働かせる」方法を述べたものといえます。

〈自律〉とは、精神が自分自身をコントロールすることです。この自律なくしては、精神が精神といえないほどに重要なものです(反対に、自己以外の他のものによって支配されることを他律といいます)。

自律的であるべき精神が、そうでなくなるときが危機の到来です。現代はまさにその意味で〈精神の危機〉の時代であるというのが、池田発言の指摘するところです。この精神の自律性の喪失は、人間精神のもっとも深いところにある問題を指示しているといってよいでしょう。

一見、人間の外側にその原因があるように思われる現代社会のいろいろな問題も、じつはその根本的原因が人間自身に、より正しくいうならば、人間の精神のありかたに根ざすものが多いのです。

鼎談のなかで、つぎのように指摘しています。

「とくに先進国では、物質的な豊かさの増大に対して、精神のアノミーはじつに深刻きわまりないものがあります。情報革命によって、膨大な情報を享受することが可能になっても、かえって洪水のような情報に振り回され、精神は、ますます自律性を喪失し、茫然《ぼうぜん》自失しているありさまです」(『東洋の智慧を語る』)

「アノミー（anomie）」とは、フランスの社会学者デュルケム（一八五八～一九一七）が作った用語で、「規範がない状態」のことです。つまり、本来、しっかり思索・判断し、行動を起こしていくべき人間の精神が、拠《よ》って立つ規範を失い、なにをどのように判断し、なにをしたらよいかということが、まったく決められない状態に陥《おちい》っていることを意味します。いいかえれば、精神の自己喪失状態を意味しているといってよいでしょう。

現代、とくに先進国では、あまりにも多種多様なモノ（物）があふれ、それを前にして、なにをどうしたらよいか、第一に尊重すべきものはなにかなどが、なかなか決められない、混乱しているという状況があります。モノには、目にみえるものもあり、目にみえないものもあります。たとえば情報や知識は、物質的なものではありませんが、やはり（非物質的な）モノだといってよいでしょう。情報は人間に役立つもののはずですが、現代の情報の洪水は、もはや選別不能、処理不能なほどの量となりつつあり、その内容もあまりにも多様です。もちろん情報や知識のほかにも、多数の物質的なモノが出まわっていることはいうまでもありません。

ここにいたって、精神は本来の自律性という能力を発揮できなくなっている。いわば、〈モノの豊富さ〉に反比例した〈精神の貧困〉です。自分自身が生み出したものに振りまわされている精神、これは考えてみればおかしな話です。本来、精神は必要なものを必要な数量だけ生み出すべきなのですが、必要以上に生み出し、自分を苦しめているのですから。

こうしたことの責任は、モノにあるというのでなく、それだけ多くの不要なモノを生み出した、人間の精神自身に責任があるということは明らかです。

本来、精神とは個人の生活をリードし、また大きくは社会全体をリードしていく主体的な力だといってよいでしょう。しかし、現代ではその精神自身が空洞化し、自分さえも律することができなくなっている。自身がいったいなにをめざしているのかわからない、またはっきりした自己主張ができなくなりつつあります。しかし他方で、精神は責任を要求されるのですから、これは精神にとってたいへん苦しい状況です。

そして、そうした苦しみから逃げようとして、精神自身、自らをモノとしてみようとするのです。いわば〈精神のモノ化〉です。モノですから、自分に責任はありません。つまり、自分の自律性、主体性を放棄し、それによって精神ゆえの苦悩から脱出を図《はか》ろうとするのです。

たしかに人間も精神も〈モノ〉としてみたほうが、わかりやすいともいえます。十八世紀に、フランスのラ＝メトリという医者が、「人間はゼンマイを巻いた機械である」（『人間機械論』）という説を唱えたことがあります。彼が現代に生きていれば、「精神は脳神経細胞の化学電気反応にほかならず、あまり性能のよくない情報処理機械（コンピューター）である」というかもしれません。

しかし、精神的なものをすべて物質的なものへと還元しようとしてもうまくいきません。人間は本来、自分を捨てるわけにはいかないのです。それではこうした〈精神の貧困〉そして〈精神の危機〉はどうしたら乗り越えられるのでしょうか。

自律する精神へ

ここで、池田会長はこう提案します。

「精神の発展――そのためには、停滞を打ち破る間断《かんだん》なき『精神闘争』を展開していく以外にありません」（『東洋の智慧を語る』）

つまり、〈精神の貧困〉という危機を克服するには、精神自身を充実、発展させる以外にはない。そして、そのためにも「間断《かんだん》なき精神闘争」が必要であるというのが、ここでの提案です。それでは、この、池田提案が主張する「間断なき精神闘争」とは、具体的にはなにをさすのでしょうか。

それがめざすものは、精神の自律を可能にする、精神自身の充実と発展です。精神は自律的なものであってこそ、真の精神だというべきでしょう。自律的精神の深さは、人間の偉大さを示すものだといえます。

「人間は一本の葦《あし》にすぎない。しかしそれは考える葦である」といったのはパスカルでした。彼はつづいて「宇宙は空間によって私を包み、一つの点として私を呑《の》む。私は思考によって宇宙を包む」と述べ、思考にこそ人間の偉大さがあると主張しました。同じくフランスの思想家ルソーは、その教育論である『エミール』のなかで、自律的精神をやしなう教育こそ人間教育であると力強く述べています。そして、ドイツの哲学者カントも、意志の自律的ありかたにこそ人格の崇高さをみたのでした。

こうした多くの思想家、哲学者たちが異口同音に述べていることは、人間が偉大であるのは、自分で考えて行うという、自律する精神をもつところにあるということです。「自律」とは、カントによれば、自らが立てた法則に自らが従うことです。人間は自由であるがゆえに自律的な存在者である。理性自らが自らに命じるものが定言命法《ていげんめいほう》としての道徳法則※であり、この道徳法則への尊敬にもとづき行為するところに、真の自由があるともいっています。

※道徳法則とは、自然法則に準じて、道徳にも法則があるとするもの。それは法則として「いつでも、どこでも、だれにでも」適用されるため、無条件の命令（定言）になるとされます。

この自律へと向かっての自己変革こそが、池田提言の「精神闘争」が意味するものだといってよいと思います。またそこにこそ、後述する「人間革命」の意義があるということができます。

精神の新しい規範とは

大海を航海する船が必ず羅針盤《らしんばん》をもっているように、私たちもまた、なんらかの規範《きはん》をもつことが不可欠です。それも、これまでの規範に代わる新しい規範が必要でしょう。これまでの規範は、物質的な豊かさ、モノの豊富さにあったといえますが、それと引き換えに精神が貧しくなってしまったということは、その規範が本来、精神自身から出た規範ではなかったからなのです。それでは、現代どのような規範を精神のなかに見いだすべきなのでしょうか。

池田大作会長は、それは古来の東洋に伝わる精神的土壌のうえに発現するものであるとし、私たちのなすべきことは、東洋思想に内包されている「結合のエネルギー」を開発し、そこに現代的な知性の光をあてていくことであるとします。

この、東洋の智慧《ちえ》といえる、古くて新しい規範こそ、「調和」という理念です。調和は、古来の東洋的精神のうえに発現する智慧であり、〈結合のエネルギー〉を内包しています。この理念のもつ意義に現代的な光を当てることが、現在とくに重要なのです。

科学技術が生み出した状況

ここで科学の方法ということについて少し考えてみましょう。

要素還元主義《ようそかんげんしゅぎ》という考えかたがあります。ある対象の全体を各要素になるべく細かく分析、分解することで全体を把握《はあく》できるとするのが要素還元主義といわれる立場です。一般に科学の基本的方法は分析であり、要素還元主義の立場だといってよいでしょう。

しかし、ここに科学的方法の独特の問題があります。一つは、分析はどこまでもつづくということです。分析は、(理論的には) 最小の単純な要素へと向かうのですが、それには限界がなく、じっさいには特定の段階の分析でしかないということです。その意味では分析はつねに不完全なのです。さらにもう一つは、分析をするということは、はじめにあった全体に手を加えることであり、もともと全体のもっていた結合を切り離すことになるということです。結合が切り離されることによって、そこに存在していた〈結合のエネルギー〉もまた消失してしまいます。

こうした科学的方法のもつ性格から、ある種の思いもよらない結果がもたらされることがあります。それは、分析した諸要素をふたたび結合したときに、予想できないものや事象が生じるかもしれないということです。

ルソーが『エミール』の冒頭で述べています。

「万物をつくる者の手をはなれるときすべてはよいものであるが、人間の手にうつるとすべてが悪くなる。人間はある土地にほかの土地の産物をつくらせたり、ある木にほかの木の実をならせたりする」（ルソー『エミール（上）』今野一雄訳、岩波文庫）

ルソーは、直接には人為的な教育の弊害《へいがい》について述べているのですが、ある意味では科学技術にもあてはまるといえます。

高度な科学技術は、自然界にはない物質をつくりだすという例があります。たとえば、原子炉の中でウランを燃焼してできるプルトニウムは自然界には存在しない物質です。

このプルトニウムは核爆弾の材料にもなります（ちなみに長崎へ投下されたのはプルトニウム爆弾でした）。また、フロンは、二十世紀になってから開発製造された物質ですが、安定した効果をもつ冷媒《れいばい》（冷気を伝える媒体）として、開発当時は「夢の化学物質」ともてはやされました。しかしその後、オゾン層の破壊など予期していなかった作用が明らかとなり、現在ではほぼ全廃されるにいたっています。

これまで予期できなかったこと、あるいは見逃してきたものが、地球的問題群とされる諸問題の発生にもおおいに関係しているわけです。その因果関係もしだいに明確になりつつあります。化石燃料の燃焼によってできた二酸化炭素による地球温暖化問題なども、そうした代表的なものです。

現代、問題となっている地球的諸問題の多くは、主として西洋世界で開発・製造され、あるいは展開されてきたものに由来しているといってよいでしょう。科学技術のほかにも、経済、政治、医学等と、万般にわたってそういえるのですが、現代では、もはやそうした由来も意識されないほどに、各方面において西洋化はグローバルなものとなりました。

東洋の智慧を世界の智慧へ

こうした現代の状況だからこそ、ここに東洋の智慧《ちえ》が再登場する舞台が整ったといえます。そして、この東洋の智慧は、これまでの〈東洋だけの智慧〉という性格から脱皮して、〈世界の智慧へ〉と進み出ることが当然ながら要請されるといってよいでしょう。

まさしく、このグローバルな問題を解決できる東洋＝世界の智慧こそ「調和」という理念です。調和理念には、〈結合のエネルギー〉が豊かに含まれています。

バラバラになった諸要素、そして科学技術が生み出したところのバランスを崩した多くのモノたち、さらにはモノのみならず人間同士の関係や社会の諸制度にいたるまで、新しい〈結合のエネルギー〉を欲しています。その意味では、調和理念を掲げて、地球的規模でともに連携し協力しあっていくならば、さまざまな地球的問題群も解決へと向かうことができるのではないかと期待されるのです。

鼎談の末尾で、池田会長はこう語っています。
「そして今、求められているのは、『大同《だいどう》』と『共生』と『調和』という地球的な価値の創造であります。（中略）『東洋の智慧』が地球的問題群を乗り越え、人類的創造力を開発し、地球価値を創出《そうしゅつ》し続けていくことは間違いありません」（『東洋の智慧を語る』）
ここにあげられた概念（大同、共生、調和）は、いずれも、東洋的伝統のなかでは、ほとんど違和感なく受け入れられるものだと思います。
たとえば「大同《だいどう》」という言葉については、よく使う日本語の表現として「大同団結」とか、「小異を捨て大同につく」というようないいかたがあります。この「大同」は、中国の古典である『礼記《らいき》』にあり、「利己主義がなく相互扶助《ふじょ》の行きわたった理想的な社会状態を表す」（『広辞苑』）ということです。また、「共生《きょうせい》」とは、生物学ではよく使われる概念ですが、同じ所に住み（棲《す》み）ながら、対立し競合するような関係ではなくて、互いに利益を受けるような関係にあることをいいます。たとえばヤドカリとイソギンチャクなどは、互いに利益をうけあっています（イソギンチャクの刺胞《しほう》によってヤドカリは外敵から守られ、ヤドカリの移動によってイソギンチャクは餌をとりやすい）。こうした関係を共生（英symbiosis）というわけです。

なかでも「調和」は、日本人にとっては、日頃から慣れ親しんでいる言葉であり、観念です。したがって、その意味も日常感覚的に（つまり、なんとなく）了解しているといってよいでしょう。しかしながら、大切なことは、感覚的に了解していることを明瞭《めいりょう》な理解へともたらすことです。

そこで、つぎの第2章では「調和」が意味する内容について、主として関連する語句をめぐってみてみたいと思います。東西における用いかたをみることで、私たちもこの概念の意味と意義を明瞭に把握することができると思います。

そしてその後、具体的に社会においてどのような役割をはたすものであるのか、また歴史のなかでいかにして調和のもつ理念性が見失われていったのかについて、検討していきたいと思います（第3章）。また、現代において、調和を理念として復権させることは可能かどうか、また、この復権がどのような意義をもつことになるのか（第4章）、さらには私たちとして、この理念のもとにいかなる行動が求められるのか（第5章）ということについて、考えを進めていきたいと思います。

調和理念の考察をとおして、浮かびあがってくるものは、調和理念の人間学的意味とその実践です。このことを明らかにすることによって、「間断なき精神闘争を」という呼びかけの意味するものが、より明確になるように思います。そして調和理念が、二十一世紀をリードする重要な理念であるということがいっそう鮮明になると思います。

第２章　調和とはなにか――その思想史――

調和へのアプローチ

ものの見かたには、大きくいって二つの見かたがあります。一つは〈固定的な見かた〉であり、他の一つは〈関係的な見かた〉です。

〈固定的な見かた〉とは、ものごとを対象的に見ようとするものです。見られる対象（客観）は、見る私（主観）とは切り離されています。それに対して〈関係的な見かた〉とは、ものごとを私（主体）との関係において見ようとするものです。この関係的な見かたは、対象と私を別々に独立するものとは考えず、全体のうえに成り立っていると考えます。つまり、ものごとはつねに私とともにある（あるいは、私はつねにものごとととともにある）ということです。

とくに「調和」というありかたを考察する場合、たんに固定的な見かたで考えるということはよくありません。関係的な見かたこそ大切になります。

「AとBの調和」という場合、その調和はA、Bという固定された二つのもののうえに新たに付け加えられたものではなく、AとBの関係そのものをいうのです。また、そこにはそうしたありかたを判断する私（あるいは私たち）がいます。こうした全体的な関係において調和があり、したがって関係的な見かたでなければ、その真相は把握できないといえます。

こうした点に留意しつつ、調和についてともに考えていきたいと思います。

日本語としての一般的な意味

まず日本語としての「調和」について、辞書の一般的な記述をみてみます。

「調和」の意味としては、中国の古典に出てくる言葉として、「音楽の調子がよくととのう」とか「（料理の）味がよくととのう」「（心身などが）よくととのい治まる」「争いをやめる」などの意味が辞書に記されています（諸橋轍次『大漢和辞典』参照）。

現代日本語としても「うまくつり合い、全体がととのっていること。いくつかのものが矛盾なく互いにほどよいこと」ということで、たとえば「部屋に調和した家具」とか、「調和がとれる」というように用いるとされています（『広辞苑』参照）。

このように、調和という言葉はたいへん広く使われる表現ですが、そこには共通した特徴があるといえます。

一つは、調和が話題となる場面では、あるものが単独にあるというのではなく、他との関係においてあるということです。たとえば「部屋に調和した家具」といういいかたでは、家具は家具だけであるのでなく、部屋との関係においてあるということ、つまりそうした全体としてあるということです。調和はこのように部分観ではなく、全体観にたっているといえます。

そしてもう一つは、そのようなありかたがよいことであるという、プラスの評価が与えられていることです。これは調和（反対は不調和）が価値概念であることを意味しています。

このように、辞書的な意味においても、すでに〈関係的な見かた〉が反映しているということが確認できるように思います。

西洋における調和とは

それでは、西洋世界においては、調和はどのように把握、理解されてきたのでしょうか。少しくわしくみてみましょう。

「調和」にあたる英語は「ハーモニー（harmony）」ですが、この言葉の語源は、ギリシア語の「ハルモニア（harmonia）」です。古代、ピタゴラス学派（紀元前六〜五世紀）は「万物はハルモニア（調和）によって成り立っている」と考え、諸天体の運行も調和をなしていると考えました。ピタゴラス（前六世紀に活躍）は、この調和を数学的に表すことができるとし、音楽の協和音について、それが数学的な比として示される音階の組み合わせによるものであることを発見し、調和的なものであることを証明したのです。

ピタゴラスは星空に、天体の調和の音楽を聴《き》いたといわれます。

「万物は流転《るてん》する」との言葉で有名なヘラクレイトス（前五〇〇ごろ活動）は、ピタゴラス学派の調和の考えを受けついでいます。彼は、調和を固定的にとらえるのでなく、むしろ対立するものの構造として関係的にとらえました。たとえば、互いに反対のものが調和する（逆向きの調和の）例として、弓やリラ（楽器）をあげています（弓と弦とは相互に逆向きの力でつりあっています）。

　また彼は、「あらわな調和より、あらわでない調和のほうが優れている」とも述べています。この言葉は、ヘラクレイトスが、目にみえるように人為的《じんいてき》につくりだした固定的な調和よりも、目にはみえないが自然において成り立っているような、動的、全体的な調和のほうを優れたものとして考えていたことを示しているものだと思われます。

　ヘラクレイトスは、万物は絶《た》えず変化しているが、変化そのものは不変なものであると考え、それをロゴスと呼びました。またこの不変の原理を〈火〉であるとしました。火は燃えることによって万物に変化をもたらし、そこから新しいものが生成してくるのですが、火それ自身は絶えず燃えつづけるのです。この〈動的調和〉の思想こそ、ヘラクレイトスの中心思想だといえます。

調和にも静的な調和と動的な調和があります。たんに左右同一であるとか、対称的であるとかいうのは静的な調和です（調和についての固定的な見かたといえます）が、絶えず諸部分が変化しつつも全体としては調和しているとするのが動的な調和です。この動的調和という考えは、のちにドイツの哲学者ヘーゲル（一七七〇〜一八三一）によって、弁《べん》証法《しょうほう》として示されました。ヘラクレイトスはヘーゲルによって、弁証法の創始者の位置に据《す》えられています。

ソクラテスの哲学

一般に古代ギリシアでは、宇宙（秩序kosmos）は全体として調和しているとみられていました。そして、そこに存在している法則、論理をロゴス（logos）と呼び、この宇宙のロゴスを把握すること（コスモスkosmos＋ロゴスlogosとしてのコスモロジーcosmology）こそ、哲学の営みにほかなりませんでした。

ピタゴラスやヘラクレイトスたちののちに登場したアテナイの人ソクラテス（前四七〇〜前三九九）は、それまでのように、宇宙の原理を人間以外のもの（たとえば数とか火とかいうもの）に求めることをせず、むしろそれを人間の魂の内に求めようとしました。いわば、外なる宇宙を内なる宇宙へと転換させたのです。この、〈外から内へ〉というソクラテスの行った哲学的な転換のことを「人間学的転換」ということができます。つまり、それまで外界へ向けられていた眼が、内なるものへと翻転《ほんてん》し、それまでの自然探究から人間探究へと向かったということです。よく知られている「汝《なんじ》自身を知れ」という言葉は、この人間学的転換を直接示した言葉だといえるでしょう。

このソクラテスの主張によって、内なる智慧の探究としての「哲学」（フィロソフィア＝「愛智」という意味）が成立したといわれています。そして、この智慧の探究者のことを「哲学者」（フィロソフォス＝愛智者）と呼ぶのです。

ソクラテスは、人間は、各々自分の魂のありかたに関心をもつことこそ、この世でもっとも大切なことだと考えました。そして、魂《たましい》の優れたありかた（魂の徳）こそ求めるべきものとし、調和した魂をもっとも理想だとしたのです。

この思想はプラトンに引きつがれ、魂の調和はすべての善きありかたのモデルとして重視されることとなります。たとえばそれは国家のありかたのモデルとなります。対話篇『国家』において、プラトンは、魂の三区分（理性、意志、欲望という三つの働き）に準じて国家の三区分（指導者、軍人、市民という三つの階級）を考え、その調和的なありかたに、国家としての優れたありかた（そこに「正義」という徳が実現される）を見いだしています。

調和は秩序（論理、法則）を含んでいます。人間と国家とは切り離されてはいません。両者は同じ秩序をもつとみられますから、互いに通じ合うと考えられています。プラトンは、人間（小さな魂）のよいありかたと国家（大きな魂）のよいありかたとは同じだと考えたのです。

古代から中世へ

この調和の考えは、のちに古代ローマのコスモポリタン（世界市民）の思想に引きつがれていきます。すなわち、マクロコスモスである宇宙ないし世界（広大なローマ帝国全体）と、ミクロコスモスである人間とは、その秩序（コスモス）において同一であり、ここにコスモポリス（世界国家）、コスモポリタン（世界市民）の思想が完成します。この思想を背景に、世界の法典の模範となったローマ法典も成立していったのです。

古代ギリシア、古代ローマの時代にあっては、こうした大きな視野をもった世界観があり、それぞれ当時の人々の言動に大きな影響を与えました。古代の彼らにとっては、思考力である理性も、現代で理解されているような、たんにものごとを合理的（分析的、機械論的）に思考する能力ではなく、調和的に全体を把握する能力でした。このように、古代ギリシア、古代ローマの世界観は、基本的に調和的世界観であったといえます。

その後、中世のキリスト教世界では、神の超越性が強調されることによって、古代的な調和的世界観からしだいに離れていきます。古代的世界が多神教的世界であり、横の関係が強かったのに対し、中世は一神教的世界として、上下関係が中心となり、古代の調和的な世界は消失していったのです。

つまり、創造者である神が最高位であり、その下に人間が、さらにその下に自然（動植物を含む諸事物）が被造物として位置づけられます。ここに、〈神―人間―自然〉という、上下の関係が成り立ちます。また、神の住む世界は〈あの世〉として、そして人間と自然の世界は〈この世〉として、ここにはっきり価値的に区別された二つの世界が示されたのです（そして、この二つの世界を結びつけるものが教会だとされました）。キリスト教世界観は、同じく秩序といっても、古代のような調和的秩序ではなく階層的秩序であり、上下の価値差別をもったものだといえます。

中世末のスコラ哲学では、信仰と理性をめぐりさまざまな議論がなされますが、それは切り離された二つの世界をふたたび調和させようとする努力だったといえます。そしてルネサンスにいたって、一種独特な調和が復活します。

ルネサンスの調和

たとえば、三十一歳という若さで亡くなったピコ＝デラ＝ミランドラ（一四六三〜九四）は、平和主義者として、世界の諸宗教、諸思想の調和的一致（哲学的平和）を説きます。彼は全世界から哲学者や神学者をローマへ招き、世界哲学者会議を開催し、諸思想に一致点を見いだそうとしました。一見、バラバラのように思われる諸思想も、人間という観点からみたとき、そこに調和的一致があるはずだとピコは信じていたのです。この、もし実現していたら画期的であった試みは、教会側の横槍《よこやり》が入って失敗しますが、その会議の冒頭で発表されるはずであったピコの「人間の尊厳について」と題した演説草稿が残っています。

ピコは、人間こそが主体者であり、選択の自由をもって自分と自分の世界とを創っていくことができるとしました。すべてはこの人間という中心点において、大きな調和をなすことができると考えたのです。このピコの人間主義にもとづいた調和的思考は、エラスムスら人文主義者にも引きつがれ、近代ヒューマニズムの潮流をつくっていったといえます。

また、ルネサンス絵画には、それまでの西洋絵画にはない調和理念の反映がみられます。一点だけあげてみますと、ラファエロ（一四八三～一五二〇）の「アテネの学堂」という有名な壁画があります。

この、横幅が八メートルを超える巨大なフレスコ画の中央には、天上（イデア界）を指差しているプラトンと、地上（経験的世界）に手をかざしているアリストテレスが描かれています。二人は論争しているといってよいのですが、全体としてみると、動的に調和しているとみられるわけです。二人のちょうど下にあたる位置に、〈調和の哲学者〉ヘラクレイトスが描かれていることからも、この絵画には調和理念が反映しているといえますし、この「アテネの学堂」全体が、大きな調和の世界を示したものであることがみてとれます。その絵画の多くを、レオナルド＝ダ＝ヴィンチとミケランジェロという対照的な二人の先輩に学んだラファエロ自身、大いなる調和の画家であったといってよいでしょう。

このように調べてきますと、西洋世界にも古代以来、調和の伝統があったことがわかります。ただ、ルネサンス時代の調和理念は、ギリシア的なハルモニア思想がキリスト教世界において復活した点に、その特色があるといえます。つまり、ギリシア的な宇宙的な調和と、キリスト教的上下秩序が組み合わさった、独特なものであったということです。したがってやや不安定な調和であったといえます。そして、十六世紀後半になると、この独特な調和も壊れ、マニエリスム、バロックという破調の様式が広がっていきます。

近代から現代へ

ルネサンス以後、近代はそれまでと異なる展開をみせていきます。〈神―人間―自然〉という中世的な位階の図式は、ルネサンスを経て神の位置に人間が座ることとなり、〈人間―自然〉という図式となります（神がなくなったということではなく、信仰のことがらとして別に立てられるのです）。ただし、中世以来の上下差別は依然《いぜん》として保ちつづけられたのです。

近代にはじまる産業社会の発展は、自然資源を人間の支配下に置き、利用することで成し遂げられました。その急激な発展を可能にしたのは、ほかならぬ科学技術の力でした。こうして、近代社会は、基本的には、人間の自然支配の正当性という信念にもとづいて形成されたということができます。しかも人間の上に神がいなくなったがゆえに、人間の自然支配は無制限な性格をもつことになりました。

また、近代産業社会は〈モノ〉の生産とその消費の社会ですから、必然的に物質的な豊かさが基準となります。このことが資源問題、環境問題をひき起こし、人間の幸福さえもモノによって左右されるという傾向を生んでいきます。こうした傾向が現代の危機を招いたのですが、これについてはつぎの章でみることにします。

しかも現代では、西洋世界においても、かつて存在した調和的世界については、ほとんど忘れられているというのが実情でしょう。それに対し、東洋世界では古代から現代にいたるまで、調和思想が一貫して流れているといえます。近代からの西洋的世界が一つの限界を示している現代、東洋の調和思想に学ぶことは大きな意義があるといえます。

東洋の調和思想

つぎに東洋の調和思想についてみてみます。「調和」と意味内容が近いとみられるのが、「中庸《ちゅうよう》」および「中道《ちゅうどう》」という概念です。

まず「中庸」という概念ですが、中庸については「偏《かたよ》らざるをこれ中《ちゅう》といい、易《か》わらざるをこれ庸《よう》という（不偏之謂中、不易之謂庸）」（『中庸』宋朱熹章句）といわれています。つまり、一方にかたよることがなく、多すぎも少なすぎもせず、適正さ（ちょうどよいこと）を貫くのが中庸ということです。この中庸について、『論語』では「中庸の徳たるや、其《そ》れ至《いた》れるかな（中庸之為徳也、其至矣乎）」（雍也第六）と述べています。いろいろな徳のなかでも最高の徳であるのが、中庸の徳であるというのです。

儒教では、直情径行《ちょくじょうけいこう》（相手のおもわくや事情など気にせずに、自分の思ったとおり行動すること）を夷狄《いてき》の風（野蛮な様子）として嫌い、深い思慮や省察をともなったありかたを尊重したのですが、まさに中庸は、そうした洗練されたありかたを意味したのです。また、同時に、そうしたありかたは、特別な状態というものでなく、むしろ日常のなかにあるありかたでもある。特定の優れた人にのみ許されるというようなものではなく、誰でもが到達できるありかた、つまり万人のものとして説かれたということが注目されます。

このことについて、中国哲学者の宇野哲人《うのてつと》は簡明にこう解説しています。

「中庸とは、その場、その時に最も適切妥当なことである。だから本当の意味での中庸は、生易《なまやさ》しいことではなく、つねに中庸を得ることができるのは聖人だ、と言われる。けれども一面、中庸の庸は、普通のこと、当たり前のこと、という意味もあって、平凡な、当たり前のことの中にこそ、中庸はあると考えられているから、どんな人でも中庸を得ることができる」（宇野哲人訳注『中庸』序文、講談社学術文庫）

西洋で、こうした漢語の「中庸」にあたるものを探していきますと、アリストテレスの倫理学で重要な概念とされる「メソテース（mesotēs）」という概念が、それに相当する言葉とみられます。メソテースとは、正しい中間を選び取ることであり、これは深い経験や知見を必要とする倫理的な徳（優れていること）のことです。たとえば「勇気」は、怯懦《きょうだ》（臆病《おくびょう》で意志が弱いこと）と粗暴との正しい中間であり、「節制」は快楽と禁欲との正しい中間だといわれます。しかも「勇気」や「節制」はともに、怯懦・粗暴、快楽・禁欲という直情径行ではなく、倫理的に徳へと高まったものです。

　アリストテレスは〈事物における中〉と〈私たちに対する中〉とを区別しています。〈事物における中〉とは「両端から等しく隔たっているもののこと」であり、〈私たちに対する中〉とは「多すぎもせず不足もしないもののこと」であるとし、したがって「それは一つではなく、すべての人に同一のものでもない」と述べています（ここに、関係的な見かたからの調和が示されています）。

　つまり、「中（meson）」とは、たんなる中間というよりも、もっともふさわしい（最適な）状態のことを意味します。いいかえれば、二と六の中間が四であるというような、足《た》して二で割る算術的な中間ではなく、現実的、経験的な智慧にもとづいた「中」である（この点、漢語において、もっとも適当なありかたになることを「中《あた》る」といい、まさにぴったりあたっています）。

アリストテレスは、「あるべき時に、あるべきことにもとづいて、あるべき人々に対して、あるべきものをめざして、あるべき仕方で」なされるということが、このメソテースであるといいます。彼によれば、この倫理的徳を自分のものにするためには、年少のときから習慣づけられることが必要であるとも述べています（『ニコマコス倫理学』）。

このようにメソテースは、漢語の「中庸」とその意味がほぼ一致するといってよいでしょう。

仏教の中道

また、仏教の用語として「中道」という概念があります。この「中道」の意味について、一般的な仏教辞典では、つぎのような説明をしています。

「中道　ちゅうどう　[s: madhyamā pratipad]　相互に矛盾対立する二つの極端な立場

〔二辺〕のどれからも離れた自由な立場、〈中《ちゅう》〉の実践のこと。〈中〉は二つのものの中間ではなく、二つのものから離れ、矛盾対立を超えることを意味し、〈道〉は実践・方法を指す」〔『岩波仏教辞典』〕

当初、中道は釈尊自身の求道経験と結びついていたといわれます。苦行《くぎょう》主義と快楽《かいらく》主義という二つの対立する考えかたがありますが、出家者が修行する方法としては、人間自然の欲望を抑《おさ》えて精神を鍛《きた》えるという苦行こそ正しいというのが当時の常識でした。しかし、釈尊の経験からして、あえて自らに苦を与えつづける苦行主義では、本当の悟りが開かれない。かといって、当時の在家のバラモンがふけっていたような、快楽主義も結果は同じである……こうした経験から、釈尊は二つの極端な立場を排し、不苦不楽《ふくふらく》の中道をもって悟りに達したとされます。

〈中道の実践にこそ真実の仏道がある〉という、釈尊の求道経験によって得られた智慧が思想となり、仏教教学における「中道」思想として発展、定着していきます。とりわけ、大乗仏教の興隆期〔紀元二～三世紀〕にインドの竜樹《りゅうじゅ》〔ナーガールジュナ〕が説いた

『中論』は、中道を説いたものとして有名です。

彼は、すべてのものは縁起によって成り立ち、それゆえ有と無とは相対的な区別にすぎず、真実は空であるとする空観※1を説きました。中観派《ちゅうがんは》はこの竜樹の中道を受けついでいきます。のちに、中国の天台大師智顗《ちぎ》は、竜樹の中道思想を教学的にいっそう展開させ、三諦円融《さんたいえんゆう》※2を説いたのです。

※1「有」は「無」があるから存在し、「無」もまた「有」によって存在している、つまり、一方が孤立的に存在していると思うことは錯覚（迷盲）であり、じっさいにはこの両者は相対的な区別にすぎず、両者を否定的に統一した「空」こそが真実のもののありかたであるという。

※2「三諦」とは仏が悟った真理を三つの側面（ありかた）から説いたものであり、空諦、仮諦、中諦とする。空諦とはすべての不変固定的な実体はなく、空であるということ。仮諦とはあらゆるものは因縁によって仮に生起しているということ。中諦とは空と仮をふまえつつもこれにとらわれないありかたをいう。これらの三つの側面がそれぞれが究極的な真実を示しているとし、一側面に固執せず各々が円融していると天台は説いた。

中道の人間主義

池田大作会長は、この仏教の重要な概念である中道について、ある対談の中でこう語っています。

「『法（ダルマ）』という、正しき軌道に則《のっと》って進むのが、『中道』です。（中略）〝道に中《あた》る〟と読む。命中とか、的中の中です。正しき『人道』に即して離れない――いつも『道に中っている』『正道に適《かな》っている』、それが中道です。人間主義のことです」（『法華経の智慧』、『池田大作全集』第三一巻）

池田会長はここで、「中道」という理念が意味するものを端的に語っています。中道が「人道」を説いたものだということ、あるいは「人間主義」であるということ、このことはたいへん重要な指摘です。正しい軌道（法）にそって進むのが、仏道であり、とくに大乗仏教は、極端に偏する考えかたを排したわけです。そこに大乗仏教の人間主義があるといえます。

極端な考えかたは、一面では魅力的にも思えるのですが、誰でも実践できるわけではありません。そうした立場は偏《かたよ》っているといわざるをえません。「中道」が「道に中《あた》っている」ということ、……それは人間なら誰もが平等に実践でき、そしてまさに軌道（法）にかなっているということ、このことが肝要です。そして、誰もが到達しうる境地として「仏」あるいは「仏界」を説いたのが、大乗仏教、とりわけ法華経であるといわれます。これがまさしく人間主義だというのです。

中道が人間主義であること、竜樹の空観、さらに天台大師智顗《ちぎ》が述べる三諦円融の円融が、まさに調和の意味と重なってくるということを考えあわせると、大乗仏教、とくに法華経を中心とする経典類は、調和の思想を説いているといってよさそうです。

調和は人間学的概念

こうして東西にわたって、「調和」およびそれに関連するいくつかの言葉や概念を探究してわかったことは、これらの言葉や概念は、古代世界においては東西ともに同じく重要な位置を与えられていたということです。それとともに、これらの言葉や概念が、東西ともにたいへん似た意味をもっていたということも知られます。つまり調和とは、万物に通じるありかたとして、ものごとのたいへん優れたありかたを意味しているということです。

ものごとのたいへん優れたありかたとは、一言でいうなら、人間主義に立脚したありかただということです。考えてみると、「調和」にせよ「中庸」にせよ、こうしたものごとのありかたを感じ、把握するのは人間自身だということはまちがいありません。いいかえれば、人間がいなければ、こうした概念はそもそも存在しないということです。このことは、これらの言葉や概念が、じつは人間自身のありかたと一つのものであることを意味しているのです。

こうした概念のことを、私たちは「人間学的概念」と呼んでよいと思います。ここで「人間学」というのは、人間が自分自身を理解するありかた、またそうした人間の自己理解を含んだ学問一般をさしています。つまり「調和」という概念は、人間の自己理解、つまり人間自身のありかたを含んだ人間学的概念だといえます。

牧口価値論の観点から

つぎにこれと関連するのですが、「調和」が関係概念そして価値概念であるということも大事な観点です。

価値を明確に、主体（人間）と客体（対象）との関係性として把握し、ここに美・利・善の価値体系を樹立したのは、牧口常三郎《まきぐちつねさぶろう》初代会長でした。

牧口は、新カント派が真・善・美の価値体系を論じていたのに対して、①真（真理）と価値は異なる概念であること、②価値の体系に〈利〉という価値を入れるべきであること、の二点を主張しました。そして、主体（人間）と客体（対象）との関係において、そこに美醜《びしゅう》、利害、善悪という正反の価値が生じるとするとともに、無意識から意識的へ、さらに自覚的方向へ、また個人的から社会的方向へと価値がしだいに深まるとします。

つまり牧口価値論の特徴は、利害という人間生活（あるいは人間生命）に直接関係した視点をとりいれたところにあり、この利の概念を中心として、価値を体系的に論じたことにあります。

それまでの価値論は、価値そのものの存在（価値実体）を立て、動的というより静止した体系を論じるものであったり、あるいは具体的な生活を離れた抽象的なものでした。そうした価値論は、いわば固定的なものの見かたからのものであり、どこか実生活とはかけ離れた面をもっていたのです。

そうした従来の価値論に対し、経済学から学んだ利の価値をとりいれ、利の価値を中心として私たちの生活に適用しうる価値を論じた点に、牧口価値論の特徴があるわけです。そして、美・利・善を人間自身の意識の深化として考察したように、価値を人間学的概念として展開したのでした。牧口価値論は生活向上と意識深化の人間学ということができると思います。

ところで、「調和」概念も、主体である人間と対象との関係性を示す価値概念であるとみることができます。さらに、牧口が説いたように、無意識的から意識的へ、そして自覚的へと、また個人的から社会的へと拡大深化していくと考えることができます。

無意識的な調和よりも、意識された調和が、さらには自覚的な調和のほうが、より深まった概念だといえます。また、たんに個人における調和よりも、広く社会的な調和のほうが、より高い価値をもつということも容易に納得できるところです。それは牧口価値論における美的価値から善的価値へという方向です。

調和理念として

「調和」が、関係概念あるいは価値概念であるということを、卑近《ひきん》な例でたとえてみましょう。

私たちは、おいしい料理を評して「この料理は、甘味《あまみ》と塩味《しおあじ》がうまく調和《マッチ》している」などといいます。この場合、「甘味と塩味が調和している」と判断できるのは、料理をつくった料理人か、あるいはそれを食べ、味わった人だけです。砂糖と塩がどのように混合されようと、砂糖や塩そのものには関係がないし、また、その料理を食べない者にも関係はないわけです。

料理を味わう人間がいて、はじめて、「調和している」ということがいえます。その意味で「調和」とは、人間（味をみる人）と対象（料理）との関係において成立する関係概念だということができます。また、「よい味だ」（「おいしい」）という価値判断を含む価値概念だということができます。

このように、「調和」概念は、あくまで人間がいてはじめて成り立つということ（人間学的概念だということ）ですが、さらに「調和」概念には、下位の段階から上位の段階へと高まる方向が含まれているといえます。つまり無意識段階から意識的段階、自覚的段階へと、高まる（深まる）動性をもっているといえます。

そこに、この概念が私たちの考えかた、生きかたをリードする力、つまり理念性をもっているということができます。すなわち、調和概念は人間学的概念であり、かつ理念性をもった概念として、調和理念だということができるのです。池田大作会長は、この調和理念を、二十一世紀をリードする理念として、たいへん重要であると主張します。

最近、中国でも、調和（中国語では「和諧」）理念が大きくとりあげられ、国づくりの一つの指導理念にしようとしているといわれます。もともと中国の文化伝統に由来するものですから、わかりやすさもあると思います。

池田会長は、この理念を「地球的価値」であると述べています。「地球的」とは、人類的な普遍性をもっているということ、「価値」とは、それが役に立つものであるという意味ですから、「調和理念は人類全体に役立つ理念である」ということになります。

第3章　失われた調和理念――社会哲学的考察――

理念性の喪失とは

言葉や概念は、時の流れとともにその意味や意義が変化し、さらには失われていくことがあるのと同じように、理念もその本来の意義を失ってしまうことがあります。「調和」は、人間学的概念として指導的意義をもった理念であるということを述べました。調和理念はまさに個人の生活から、さらには社会や世界のなかにおいて生きるべき理念です。歴史のなかでは、じっさいこの理念が生きていた時代がありました。しかしまた、この理念が見失われるということも、同じく歴史のなかで起こるのです。

調和理念の喪失……そこでは本来の理念の意味において、もはや人々の生活のなかに生きることはなくなってしまうのですが、しかしそれにもかかわらず〈調和一般〉というものが存在していると思ってしまうのです。しかもこの偽《にせ》の理念が大手を振って歩きまわり、結果として個人や社会に大きなダメージを与えてしまうのです。

ある言葉や概念が、その指示しているものが存在しないにもかかわらず、あたかも存在しているかのような錯覚をもつこと……ちょうどこれは、フランシス・ベーコン（一五六一～一六二六）のいう「市場のイドラ（幻影）」のように、言葉のもつ幻覚作用だともいえます。またアリストテレスが批判した「超越的なイデア」、つまりこの世界の具体的事物を離れてしまったところに考えられたイデアのように、たんなる抽象的観念を実在としてしまうような錯覚と同じだといってよいでしょう。

こうしたことは、第2章のはじめに触れた、ものの見かたが、〈関係的な見かた〉から〈固定的な見かた〉へと移ったことを意味しています。調和が本来の理念としてあるためには、関係的な見かたによって理解、把握されなければなりません。固定的な見かたへと陥《おちい》ってしまうと、調和は、その本来の理念性を失い、人と時代をリードする力を失ってしまいます。

誰も食べないおいしい料理？

人間を離れた〈調和一般〉とはどういうものか考えてみましょう。

それはちょうど、〈食べる人が誰もいない、おいしい料理〉、あるいは、〈誰も入る人がいない、湯加減がちょうどいい風呂〉のようなものだといえます。もともと「調和している」という表現は、私たちが生活する現実のなかで、具体的なよいありかたとしていわれる表現です。「おいしい（味が調和した）料理」はそれを食べた人が表現する言葉ですし、「湯加減がちょうどいい（調和している）風呂」は、もちろんその風呂に入った人が感想を述べた言葉です。

ですから、たとえばもし人間がいなくても存在する「調和」というものが考えられたとしても、誰もその利益にあずかることができないわけです。理念としては本来の意義を失ったものにすぎず、固定した一観念になってしまいます。ところが、この人間不在の観念が大手を振って歩きまわるのです。いったいそれはどういうことでしょうか。

いったんつくられてしまった「調和」という観念は、それだけで固定して存在するものとみられ（こうした概念を実体概念といいます）、人間を離れて独り歩きをはじめます。本来、人間にとって豊かで具体的なありかたを意味するものが、抽象的で貧弱なありかたをさすものとなってしまうのです。※

※牧口価値論によれば、価値は対象と主体との関係において生じるものであり、具体性をもっているとします。抽象化された価値とは、たとえば「聖」価値というような、関係を離れて実体化されたものとなったものです。真理と価値を並置した新カント派なども、そうした誤りに陥っているとしています。

人間学的概念としての調和理念は、ここではもはや失われているといってよいでしょう。

社会哲学的分析による考察

具体的な調和が失われた場合、どのような事態が生じてくるかについて、少し社会哲学的な考察をしてみましょう。

社会（あるいは国家）は、人（個別者）と人（他の個別者）との共同体です（以下、単純化のために符号を使うことにします）。「P_1＝個別者」と「P_2＝他の個別者」（さらにP_n）とが共同したありかたを「C＝共同体」とします。当然のことですが、P_1とP_2とがともにいないCはありえません。P_1、P_2の両者がいるかぎりにおいてCは存在する、といえます。

しかし、Cという普遍的な概念が成立したことで、「もともとCはあったのだ」、それどころか「CのほうがP_1、P_2より先なるものだ」という主張がなされてくるのです。こういう主張がなされる背景に、概念の抽象化（そして実体化）ということが起こっています。普遍的な概念（C）が個別者（P_1、P_2）を離れて存在すると考えられるということとは、概念（C）が具体的な関係、価値を失って抽象的観念となることです。ここでCは、それ自体で存在する概念（実体概念、じつは抽象的観念）として、自己主張するにいたるわけです。こうしたCのように、要素を一つももたない集合を、数学では「空集合」といっています。つまり、ここでは「人がいなくても存在する共同体（?）」という概念になるのです。

以上は、{P_1、P_2}とCとの分離をみたのですが、さらに詳細にみてみると、両者が分離することで、つぎの二つの事態がここに生じていることがわかります。

①まず、{P_1、P_2}とCの関係に関して——両項（個別の集合と普遍）が分離することによって、ここに生じてくる事態は、社会哲学的に考えたとき、{P_1、P_2}がCを排斥する（個人主義、無政府主義となる）か、あるいはCが{P_1、P_2}を支配する（ファシズム、強権主義となる）かのどちらかです。つまり、Cは自分は〈普遍〉だと言い張り、P_1、P_2の〈個別〉に対する優位を主張しますが、分離後のP_1、P_2にとっては、Cはもはや必ずしも必要だとはいえないのです。あるいは、認めるとしても〈必要悪〉として認めるだけ（国家不要論、国家必要悪論など）となるのです。

②つぎに、P_1、P_2という個別者相互の関係に関して——Cが両者と切り離されていることは、事実的にP_1とP_2との結合（共同）も解消されていることになります。ここで

P_1とP_2は相互に分離し、あるいはさらに対立することもありえます。つまり、個別者同士が関係を失うことで、もはや個別者は互いに孤立した（原子＝単体としての）アトム的存在となってしまうわけです。

ここでは、各人のエゴに発する欲望だけが原理となり（利己主義）、さらにエゴが肥大化することで互いに排斥しあい、いわゆる社会形成以前の「万人が万人に対する戦争状態」へと逆もどりしてしまうことになります。そしてCは、もはや幻想（復古主義、ロマン主義）としかいえないものになってしまいます。

孤立と暴力の発生

以上の分析を、調和理念の喪失にあてはめてみると、「調和」が具体的なありかたから抽象的なありかたへと移ることによって、ここに述べた事態が生じることがわかります。そしてここに浮かびあがってくるものは、（①の分析からは）社会の暴力化という傾向であり、（②の分析からは）人間の孤立化という傾向です。

しかも、この二つのもの（個人の孤立化と社会の暴力化）は連動していて、一方は他方を呼び起こします。個々人がバラバラになればなるほど、社会（国家）は抽象的な〈調和一般〉という権威の衣を着て、権力化するのです。また権力側は個々人の横の結びつきを嫌い、個々人を孤立して置くように図《はか》るのです。

現代社会の原理は、一般に民主主義であるといわれます。しかし、この民主主義社会（あるいは国家）においても、さきに分析したような事態が起こります。それは、制度や機構がつくられることによって起こる事態です。

民主主義という仮面をかぶるファシズム

これについて、『二十一世紀への対話』の中で、池田大作会長はつぎのように語っています。

「これらの（民主主義的な）制度や機構は、当然、民主主義のルールに従ってつくられていなければならず、またそれらが運営されていく背景には、民主主義の理念が確立されていなければなりません。ところが、人間の心には、自己の権力を安定させ、より拡大しようとする欲望があります。そのため権力者は、自分がその上にのっているところの制度や機構そのものを、人々に絶対視させることを望みます。そうなると、本来の基盤である、理念としての民主主義が見失われるという傾向がありますよ」（『二十一世紀への対話』、『池田大作全集』第三巻）

そしてナチスの例をあげて、「ファシズムは、民主主義の仮面をかぶって現われてくる」と指摘しています。民主主義が健全に運用され、ファシズムの台頭を防ぐためにはどうすべきかについて、こう語っています。

「自身の苦痛には敏感であっても、他人の受ける苦痛にはきわめて無神経であるというのが、人間性の悲しむべき特色の一つだと思います。ともあれ、自由を守るためには、民衆一人一人が、自らの支持する政治がどういう結果をもたらすかを見通せる英知をもつとともに、一人一人が人間の尊厳と愛に貫かれた確固たる思想を、自分なりにもつことだと思います」（同）

池田会長が指摘するように、人は他人の苦痛を感じることはむずかしい、とくに権力者が民衆の痛みをわかるというのはほとんど期待しがたいのです。そこで、少なくとも民衆は主権者として、人間主義に立った英知をもたなければならない。権力の暴走を防ぐために、一人一人がしっかりした人間主義の思想をもつことが大切だといっています。

あるべき民主主義社会とは、人間主義に立った英知の民衆社会です。しばしば民主主義制度が悪《あ》しき結果を生む場合があるのですが、それはいわゆる衆愚《しゅうぐ》に陥った場合だと考えられます。その意味でも、民衆の一人一人が賢くなるとともに、人間尊厳の思想をもつことが大切だと池田会長は主張しています。民主主義とは、本来、そうした英知と尊厳に基礎を置いた人間主義を意味するからです。

調和理念の実現こそ真の民主主義

「民主主義」の意味のとらえかたを誤り、「個人、つまり自分が大事である、自分の権利こそ絶対守られるべきもの」とする考えがあります。こうした考えは一見正しいようですが、そこには落とし穴があります。

この考えかたでは、最初から個々人がバラバラなのです。個と個の関係は一切考慮されず、そこには〈アトム的個人〉しかいません。そこでは、他者を無視してしまうか、手段としてしかみないことになります。ですから、この考えは個人主義というより、個人至上主義であり、利己主義というべきものです。

これは英知と尊厳の逆であり、衆愚であり、ファシズムの方向となります。そこに起こるものは、人間の孤立化と社会の暴力化にほかなりません。

民主主義は、目覚めた個人をその基盤とした思想です。その意味から、個人主義といっても、自分と社会に責任をもった個人でなければなりません。それには、自分を磨くとともに他者を尊敬することが求められます。

カントは、彼の倫理学において、人間として互いに他者（の人格）を尊敬しあうありかたを「目的の国」と呼びました。「目的の国」では、皆が他の皆のことを配慮し、ともに尊敬しあうのです。この国（倫理的共同体ともいいます）では、個人が孤立化するということも、社会が暴力化することもありません。なぜなら、そこでは各人は、目的でありかつ義務として「自分自身の道徳的完成と他者の幸福」をめざす※ことが求められるからです。

このカントの人格共同体の思想は、あるべき民主主義社会の姿を示しているように思います。ここには、人間主義的な調和理念が働いているのです。民主主義がめざすものは、調和理念の実現だといえるのではないでしょうか。

※ちなみに、吉田松陰の言葉である「一己《いっこ》の労《ろう》を軽《かろ》んずるにあらざるよりは、いづくんぞ兆民《ちょうみん》の安《やす》きを致《いた》すを得ん」（自分ひとりの労力を避けるようでは、多くの人々の幸福に寄与することはできない）という言葉もまた、そうした理想をめざしたものといえます。

構造的暴力の問題

しかし、さきにみてきたように、調和が瓦解《がかい》し、理念がたんなる抽象的観念となるということは、社会と人間が分離し、さらに人間同士も分離するということです。そして抽象的となった観念は権威化、権力化し、個人に対する抑圧となっていきます。〈民主主義の仮面をかぶったファシズム〉がはじまるのです。

平和学者ヨハン・ガルトゥングの「構造的暴力（structural violence）」という概念はたいへん有名です。暴力には直接的なものとして、個人的暴力、集団的暴力がありますが、さらに行為の主体が不明確な暴力（間接的暴力）として、社会構造に組み込まれた暴力があります。ガルトゥングは、そうしたものに貧困、飢餓《きが》、抑圧、差別などをあげていますが、これらはいずれも、社会において潜在的かつ執拗《しつよう》に行われる暴力です（ヨハン・ガルトゥング『構造的暴力と平和』高柳先男／他訳、中央大学出版部、一九九一）。国民のため、民衆のためと称する政治のなかにも、大きな暴力性がひそんでいるという問題、ここにも理念の欠如《けつじょ》があるのです。

テロはこれまで、突発的、一回かぎりの暴力行為とみられてきました。しかし、今世紀初頭の「九・一一テロ」を契機として、テロの背景にも貧困や差別などの構造的暴力の問題があり、この問題の解決なくしてテロはなくならない、という指摘がなされるようになりました。おそらく、それは正しい指摘だと思われます。

　この視点からみた場合、テロ集団に暴力的手段で対抗するのは二点において問題の解決にはならないといえます。一つは、暴力に対して暴力をふるうことであり、必ず報復を招くこと。もう一つは、社会に内在する構造的暴力に対してはなんの解決ともならないということです。

暴力発生の背景

　暴力の本質とはなんでしょうか。それは、「他者とのかかわりを一方的に断《た》つこと」ではないかと思います。この〈断つ〉という行為は、物理的な場合もあれば、言葉による場合、あるいは心理的な手段による場合もあります。

　人は他者と共存しているということ、この〈共存〉は物質的な面からもいえますが、人間の場合はとくに精神的な面での共存が特徴的です。人は人との関係のなかで生きているゆえに、心は結びつきを求めているといえます。その意味において、暴力は「他者との絆《きずな》を断《た》ち、同時に人の心を破壊する」ものです。

また一面からいえば、暴力の行使は、自分の精神的な無力さの告白にほかなりません。つまり、話せばわかる、理解しあえるという自信がそこにはないのです。したがって、不安から相手に恐怖を感じての（誤った）自己防衛の行動となるのです。いいかえれば、孤立した個人（集団の場合も含めて）の、精神的弱さに発するものが暴力です。その意味で、孤立した個々人の集合体、あるいは貧困や差別を温存している社会にあっては、必ず暴力が生じるといってよいでしょう。

池田大作会長は、暴力が発生する背景には、人間同士の分離があると指摘しています（ハワイ東西センターでの記念講演、一九九五）。暴力の発生する社会では、決定的に他者への理解が欠如し、他者への共感が失われていると指摘し、「ガルトゥング博士が、いみじくも喝破《かっぱ》されたごとく、様々な暴力の根底には、この『共感』の欠如があります」（「平和と人間のための安全保障」『池田大作全集』第二巻）と述べています。

暴力が発生する社会とは、人間同士が分離した社会です。そこでは、他への思いやりもなくなり、共感することがありません。行動は自己中心的であり、しかも私的な欲望に強く支配されるのです。小さな範囲では、いじめや差別、DV（ドメスティック・バイオレンス「家庭内暴力」）などが、また大きくは人種・民族紛争、そして大規模な暴力としての戦争が現れます。

暴力は、人と人とが分離していることを示しています。そこに精神的な絆《きずな》は断ち切られているのです。暴力に対し暴力で応じることは、この分離をいっそう推し進めることですから、報復がしだいに強まっていくことになるのです。

調和理念の喪失は同時に人間同士の絆の喪失であり、それはまた暴力を発生させることになります。この三つのことがらは同じだといえます。

池田会長は、自由な個人を生み出した近代文明が、その反面、失ったものとして、〈人間と人間の絆〉があるとし、その絆を失った人間は「裸形《らぎょう》の個人」になると述べています。

「人と人との間（あいだ、ま）で成り立つのが人間であるとすれば、『裸形の個人』

に『間《ま》』は存在しません。『間』がないから、彼には、『他者』が存在しない。『他者』との『間』のとり方で可能となる、欲望のコントロールもきかなくなる」（「第三十一回『ＳＧＩの日』記念提言」上『聖教新聞』、二〇〇六年一月二十五日付）

「裸形の個人」というのは、他者との絆を失いバラバラとなり、なんの遠慮もなく思いやりも失ったアトム的な人間のことです。そこにはナンデモアリという風潮が支配します。人間は「人」と「間」で成り立っていますが、「間」がなくなると自分と他者という区別がなくなり、人間関係もなくなるといってよいでしょう。

自他の区別がなくなるということは、ある一人にとってすべてが自己の世界だということです。しかしまた他の一人にとっても同じことですから、自己と他の自己とが正面衝突することとなり、結局ここを支配するものは利害と物理的な力の法則だけなのです。一対一の人間関係から国家間の関係にいたるまで、精神が失われた欲望中心の社会、これが調和理念を喪失した社会の姿だといえます。

西洋近世・近代の歴史にみる

以上、調和理念を喪失した社会について、社会哲学的に分析してみたのですが、さらに、具体的な歴史のうえで、この分析結果がどう検証されるかについて、若干《じゃっかん》考察してみたいと思います。

調和理念と歴史的事象とが関係しあっていることを理解するために、西洋近代の歴史の動きにこの分析を適用してみます。とくに中世末期から近世近代にかけての歴史の動きをみることとします。

一種の安定状態にあった中世的共同体（貴族を領主とする領民の共同体）が解体し、個別（個々人）と普遍（共同体概念）が分離しますが、その再統合として、中央集権的な絶対主義国家として形成されていく過程が、中世末期から近世へと進む過程とみることができます。

都市を中心とした経済活動は、自由な市民階級を生み出すこととなり、その結果、次第に中世的統一は解体していきます。個々人は市民として独立するとともに、反面、それまで強固にあった共同生活を基礎とした絆は弱くなり、個人の欲望を中心とした経済社会へと移行していきます。さらに、貨幣経済、貿易の発達により、この傾向はますます強まっていきます。もちろん、こうした動きの中心は都市においてであって、依然として農村では旧来の共同体的な生活はつづいていきますが。ただし、いやおうなく農村にも貨幣経済の波は押し寄せてきます。共同体から個人へというのが、この時代の大きな傾向だといってよいでしょう。

この個人的社会への移行期において、中世的共同体がもっていた普遍性（一種の調和理念といえます）は、具体的なものから抽象的なそれへと変質していきます。そして、この抽象的普遍性そのものは形を変え、絶対的な国家原理となるのです。抽象的普遍である国家では、君主が絶対的権力をもつこととなります。

国家と君主は神聖なものとして、王権神授説《おうけんしんじゅ》を説く君主も現れます（西洋の場合）。たとえばイギリス、スチュアート朝の祖となるジェームズ一世（一五六六〜一六二五）は、王権は神から授けられた絶対神聖、不可侵なもので、人民の反抗は認められないとする王権神授説を唱えました。この絶対的な権力、そして権威の下に、かつてのバラバラとなった個々人は〈国民〉として再編成されます。ここに十六世紀以後の、近世の絶対主義国家の誕生があったのです。

一方、次第に形成されていく市民社会において、個人は個人として絶対的なものであるという主張がなされる（たとえばデカルト）のですが、個々人の間に絆を失った世界では、個人は、個人として主体的に自立するというより、むしろ〈アトム〉として孤立していきます。〈アトム的個人〉とは、他者との絆を失った原子的個人であり、孤立した自分がそのまま絶対的存在だとして主張するような人間のことです。

そうした〈アトム的個人〉同士は、互いに生存をかけた争いとなり、その結果は、ホッブズが表現したように、まさしく「万人が万人に対する戦争状態」となります。ホッブズの『リヴァイアサン』（一六五一）は、この近代における個々人のありかたをリアルに描くとともに、そうした個々人のありかたから国家（契約国家としての絶対主義国家）を導き出したものです。「リヴァイアサン」とは、旧約聖書の「ヨブ記」に出てくる怪獣の名前ですが、これは絶対主義国家の主権の力を象徴したものです。ホッブズの著作の一節にこうあります。

「人間の自然状態は、各人の各人に対する戦争状態であり、この場合人が統治されるのは自らの理性によるのであって、自己の生命をその敵から守り維持するためには、それに役立つもので用いてならないものはない」（『リヴァイアサン』第14章、『世界の名著・ホッブズ』中央公論社）

「これ（注、契約）が達成され、多数の人々が一個の人格に真に結合されたとき、それは〈コモンウェルス〉――ラテン語では〈キウィタス〉と呼ばれる。かくてかの偉大なる〈リヴァイアサン〉が誕生する。いなむしろ、「永遠不滅の神」の下にあって、平和と防衛とを人間に保障する「地上の神」が生まれるのだというべきだろう」（第18章、同）

ただ、社会（国家）契約説によって絶対主権を導くホッブズの論証は、やや詭弁《きべん》的な感じもします。なぜなら、契約は自由であり相対的なもの（契約する、しないは自由）であるはずです、そこから絶対的なもの（個人の自由を解消してしまう力）が出てくるとは、普通は思われないからです。

ところで、十八世紀末には、市民的諸権利を求めて、フランス革命が起こります。しかし、その諸権利もたんにアトム的個人の利己的（主観的）権利にとどまるものであったならば、権利の獲得ができたとしても、けっして社会に平和（調和社会）がもたらされないことは明らかだといえます。市民的諸権利の実質が、人間的な絆をもった社会から生み出されるものであるときに、はじめて調和社会が現実となるのです。権利から人間の絆は生まれません。人間の絆にもとづいて権利も基礎づけられるとみられるのです。フランス革命における王政の廃止と共和制（第一共和制）の施行は、そうした調和社会の実現を希求したものとみられます（結局、成功はしなかったのですが）。

ドイツの哲学

ドイツの哲学者カント（一七二四〜一八〇四）は、こうした近代の、人間が孤立した状況の中に、調和理念を失ったありかたを見いだしました。彼は、万人に通じる、理性に内在する道徳法則を説き、人間同士が尊敬しあう「目的の国」（人間同士がお互いを手段としてではなく、目的として扱う国）のありかたを述べ、人間的紐帯《ちゅうたい》の回復を願ったのです。彼が晩年、七十一歳のときに著した『永遠平和のために』（一七九五）は、調和理念の実現を将来に託《たく》した遺言の書だということができるのではないでしょうか。

また、若き日、古代ギリシアの調和的世界にあこがれたヘーゲルは、「近代的人倫《じんりん》」の思想を発表しています。近代的人倫とは、個々の人間同士が相互に承認しあうことで市民社会・国家を形成するという、近代における共同体理論です。これもまた調和理念の復活をめざしたものだったということができます。とりわけ当時のドイツは領邦国家であり、いわば小国が分立した状態でしたから、調和を求める気持ちが強くあったといえます。

現代の状況

しかし、調和理念を見失った近代以後の奔流《ほんりゅう》がとどまることはついにありませんでした。この流れのなかにあって人は人との絆を見失い、それに科学技術の進展にともなう産業社会の発達、また経済社会の一元化と、近代の枠組みは変更されることなくさらに拍車《はくしゃ》がかかり、調和理念からますます遠ざかりつつあるのが私たちの現代だといってよいでしょう。

現代は、人間同士の調和のみならず、人間と自然の調和も危機に瀕《ひん》しています。倫理観、道徳意識の喪失が度を深めるとともに、他方では、地球温暖化現象をはじめ、大規模な環境問題が生じていることは周知のとおりです。現代は、まさに調和理念を喪失した時代であり、この傾向は途方もなく頑固であり、またその影響も途方もなく大きいといわざるをえません。しかし問題を放置することはできません。

池田大作会長とローマ・クラブの創設者A・ペッチェイ博士との対談『二十一世紀への警鐘』（英語版では*Before It Is Too Late*＝手遅れにならないうちに）において、ペッチェイはこういいます。

「いまや、われわれ皆が、現代の状況がいかに不均衡《ふきんこう》になってしまったかに気づき始めています。われわれ自身、内面的均衡を欠いており、そのため物質的豊かさを追求する過程で、精神的、道徳的、思想的には貧しくなってきたことを感じています。……（中略）それゆえにこそ私たちは内なる自我のなかにも、社会のなかにも、また環境のなかにも、少しでも頼りとなる均衡《きんこう》が再構築されるために、何かがなされうることを願い、祈っているわけです」（『二十一世紀への警鐘』）

ペッチェイは「均衡の再構築」と述べていますが、これはまさに調和理念の復権を唱えているといえます。それを受けて池田会長は、とくに自然と人間との関係についてこう語っています。

「近代以後の文明、いわゆる科学技術文明あるいは工業文明は、自然を人間のためにあるとする考え方のうえに生み出され、発展してきました。……（中略）こうした自然に対する破壊と征服の結果が、公害などの諸問題を生ずるとともに、人間の精神的荒廃をも生み出しているのです。人間は、その身体を自然界の物質によって構成し、自然界の調和ある秩序によって生存を支えられているばかりではありません。その精神的機能もまた、自然の奏《かな》でるリズムと、それが表している豊かな調和を反映して形成され、営まれているのです」(同)

二人の認識の共通点は、近代社会が調和を失ってきた社会だということであり、人間内面にもその不均衡が生じているということです。池田会長はとくに自然破壊がもたらした精神的な荒廃について触れ、本来、人間の精神は身体と同じく、自然界の調和と深い関係があるということを述べています。

対談では、両者とも「人間革命」という言葉によって、人間の内なる潜在力を開発し、現代を支配している物質主義、欲望主義の克服を論じていることが注目されます。

調和理念の復権へ

現代の物質至上主義に鋭い批判を投げかけた一人に、ドイツ生まれで英米で活躍した経済学者シューマッハー（一九一一～七七）がいます。彼はその主著『スモール　イズ　ビューティフル』のなかで述べています。

「科学・技術の力の発達に夢中になって、現代人は資源を使い捨て、自然を壊す生産体制と人間を不具にするような社会を作りあげてしまった。富さえ増えれば、すべてがうまくいくと考えられた。カネは万能とされた。正義や調和や美や健康まで含めて、非物質的な価値は、カネでは買えなくても、カネさえあればなしですませられるか、その償いはつくというわけである」（E・F・シューマッハー『スモール　イズ　ビューティフル――人間中心の経済学――』小島慶三・酒井懋訳、講談社学術文庫）

シューマッハーは経済に人間主義をとりいれるべきことを主張します。それは、〈経済のための人間〉ではなく、〈人間のための経済〉をという視点です。

調和理念の喪失は、社会と自然にさまざまな悪い結果をもたらします。その根本に人間自身のありかたの問題があるということは、ほぼまちがいないといってよいと思います。

調和理念は復権されなければなりません。しかもそれは、人間主義（ヒューマニズム）の運動としてのみ、復権されるのだということです。なぜならば、調和理念の復権とは人間自身の自己回復のことだからです。ですから、私たち自身の生きかたの問題として取り組む必要があり、そうしてはじめて、調和理念が現実に活《い》きてくるのです。

現代、調和理念の復権は、喫緊《きっきん》のことがらであり、かつ必須のものだというべきでしょう。

第4章　調和理念の復権

1　人間主義としての調和理念

身近なものを大切にすること

調和とは、万物のよいありかたを示す概念であり、その調和の中心にいるのはあくまで人間自身です。つまり調和は人間（自分自身）を中心とする、人間と環境（物）とのよい関係、また人間と人間とのよい関係を示す概念だといえます。

調和理念喪失の一つの原因は、環境（物）と人間とを切り離してしまったところにあったということができます。人間と環境（物）とを切り離し、しかも人間の下に環境（物）を置き、人間のために利用する対象にしてしまいました。そうしますと自然やいろいろな物を愛《め》で慈《いつく》しむという心もなくなってきます。さまざまな環境問題には、そうした背景もあるといえるでしょう。

私たちの生活は、いろいろな物によって、物と共になされています。衣食住のすべてが物です。この身近なものこそ物です。ですから、私たちはまずこの身近にある物をもっと大切にしなければならないといえます。つまり、まず「物を大切に」することが調和理念の復権への道に通じていきます。

つぎにもう一つの調和理念喪失の原因は、人間と人間とが切り離されたことにありました。そこでは人間同士がバラバラとなり、個々人は〈アトム的個人〉として孤立してしまうということについては、さきに考察したとおりです。人間は個人として独立しているといってよいのですが、孤立しているのではなく、つねに他者と共にあるというべきです。ここに人間関係のありかたとしての倫理が必然的に求められることになります。孔子は、人間関係の基礎に他者を思いやる心（仁）を置いたのです。

このように、人は（他の）人と共にあって人間である、ということを知るとき、大切なことは「人を大切に」するということです。ここにも調和理念の復権への道があることは納得できるところでしょう。

調和理念の復権といっても、どこか遠いところにあると考えるべきではないのです。むしろ私たちにもっとも身近なところ、つまり〈いま〉〈ここ〉にこそ復権への道はあると考えるべきなのです。そしてもっとも大切なことは、そうした中心にいる私たち自身のありかたこそ、まさしく扇の要《かなめ》にあたるものだということです。その意味では「自分を大切に」するということが基本だということができます。

静的調和と動的調和

池田大作会長とフランスの美術史家ルネ・ユイグ氏との対談『闇は暁を求めて』（一九八二）のなかに、両者が調和について論じた箇所があります。

ユイグは、調和に〈物理的な調和〉と〈生命における調和〉があると述べています。物理的な調和とは、物質的に安定した構造を意味し、再生を繰り返しながら自己同一性を保っていくという静的なタイプの調和ですが、それに対して、生命における調和とは、つねに矛盾と対立に直面し、そのなかで調和を実現していく動的なタイプの調和だといいます。

ユイグの言葉を引用します。

「生あるものになりますと、すべては矛盾と対立から生じていることがわかります。そして、生命は、これらのいわば分離的な推力のあいだに一つの協力と、そして完全な意味で一つの調和を打ち立てるにいたった場合にのみ、実現され、開花します」

(『闇は暁を求めて』、『池田大作全集』第五巻)

物理的な調和は一定不変の静的なものであるのに対し、生命における調和はダイナミックなものだということです。生あるものは自らがつねに矛盾、対立をもっていますから、その矛盾対立という緊張のなかでそのつど自己を維持するために調和を築き上げなければなりません。それが生命なのです。生きるということはつねに調和していくということです。ですから、この調和はけっしてとどまることのない、つねに動的なものです。

私たちが復権を求めている調和理念も、固定された普遍的概念というものではありません。そうした固定的概念は人間のありかたとは無関係のものです。調和は本来、主体としての人間（私）と、環境（人や物）との関係のなかで成立している動的、具体的な全体のありかたを示しています。その意味からは、調和理念といっても、これこれの特定の状態だということはできないのです。ちょうど、古代ギリシアのヘラクレイトスが述べたように、〈変化のただなかにあるロゴス〉こそが私たちの求める調和理念です。

変化・運動は、人間を含む万物のありかたです。人間のありかたは、絶えず変化していきます。ユイグがいうように、生あるものとして人間は矛盾・対立とつねに直面しているのであり、そこに全体の調和をそのつど創り出していかなければならないのです（こうしたユイグの考えには同じフランスの哲学者ベルクソンの哲学、とくに「創造的進化」の思想が反映しているとみられます）。

人間がその中心にいるのですから、人間の変化にともなって調和の内容自体も変化することになります。いいかえると、人間が生きているということは、それまでの調和を、新しい調和へと絶えず更新していくことだといえます。このように、生きるとは、つねに矛盾対立のなかにありながら、統一を図っていくことなのです。

人間精神の向上と宗教

問題は、そうした人間のありかたが必ずしもつねによいものとはいえないことにあります。なぜならば、人間は自己中心的になりがちな欲望をもっているからです。この点について池田大作会長は、つぎのような興味深い分析をしています。

「人間は、このように本来、宇宙的調和の中の一部分でありながら、個としての独自性に対する自覚を発現し、自己の存在の維持と欲望の充足のために、全体の調和をつくりかえ、社会をつくり文化を創造してきました。ここに、人間が、たんに生物学的個体であることを超えて、精神的存在となったゆえんがありますが、それは、つねに全体の調和を破壊する危険性をはらんでいるわけです」（同）

ここで池田会長は、人間の精神的発展と調和の関係を論じています。つまり、人間はつねに調和とともに生きている存在なのですが、その調和を絶えず崩していく面ももっているということです。

しかし、ある意味でそれは必然だということができます。というのは、人間は精神的存在だからです。すなわち主体的に生きる存在だからです。人間が精神的、主体的な存在だということは、自分に合わせて環境をつくり替えるということを意味します。

ここで問題は、やはり人間のありかたです。人間は主体性をもっていますが、自身の欲望を基本とするかぎり自己中心的に振る舞うことになります。ここに人間のエゴイズムの問題があります。自己中心的＝利己的なありかたは、他に対し破壊的に作用し、従来の均衡（調和）を破壊し混乱させます。この危険性を乗り越え、本来の人間のありかたを回復するにはどうしたらよいのでしょうか。

その答えは人間自身の精神の向上にあるといえます。人間が〈精神的になる〉ということには、欲望中心の自己をコントロールする、つまりエゴイズムを乗り越えるという意味が含まれます。人間の精神が成長することで、調和もそれに合わせて新しくよりよい調和へと更新されていくと考えられます。調和を破壊するようにみえても、それは新しい調和の創造を意味するのです。

大切なことは、この精神の向上を持続することです。この精神のありかたについては、宗教がその役割を担っている、と池田会長はいいます。

「つまり、精神的次元での調和と秩序が実現されなければならないのです。私は、この役割を担うものが、同じく高度な精神の所産である宗教であると信じています」(同)

全体の調和といっても、先決問題として、まずもって人間の精神における調和の実現が大事である。そこに宗教の役割があるというのが池田会長の主張です。

人間本来のありかたとは

したがって、調和理念の復権といっても、人間なくしてはありえません。人間のありかたが最重要であることはまちがいないのです。

しかし、近代から現代まで、このことは忘れられてきました。

近代を「世界像の時代」と呼んだのは、ドイツの哲学者ハイデッガーです。……人間は世界を対象として向こう側に置いている。人間自身は主観として、世界は客観として向かい合っている。このように、世界を「表象＝像」として対象化するのは、すべてのものを計算し、処理し、確保し、利用するために、量的な素材としてとらえるためである……。

人間が、世界を像として、つまり向こう側に固定された表象的世界としてとらえるとき、そこに見失われているものは人間自身のありかたです。なぜなら、人間は本来、世界を生きている存在であり、生きることは世界形成的にあることだからです（ハイデッガーはこのありかたを「世界内存在」といいます）。ですから世界を人間から切り離すと、人間の本来のありかたではなくなるといえます。

十八世紀のフランスの思想家ルソー（一七一二〜七八）も、近代という時代が本来の人間のありかたから遠ざかっているという点に、早くから気がついていました。

彼は、時代の文化一般があまりにも人工的、作為《さくい》的であり、人間の本来の姿から離れたものであることを嘆き、「自然に帰れ」と叫んだといわれます。そのルソーの言葉を聞いた啓蒙主義者ヴォルテールが「それでは四つ足で歩けというのか」と批判したという話がありますが、もちろんルソーにしても原始時代に帰れといったのではありません。ルソーにとって「自然（nature）」というのは、「本来あるべき状態」ということであり、「本性にかなったありかた」ということなのです。

私たちが調和理念の復権を考えるときに大切なことは、人間の本来のありかたを見失わないことです。人間は、生として、そして自律的精神として、つねに向上をめざし運動・変化するものだということです。

調和理念の復権は人間自身の復権

したがって調和理念の復権は、まずもって人間自身のありかたの問題として考えるべきだということになります。調和の主体はあくまで人間ですから、人間自身がよいありかたをめざすべきだということです。つまり、現代における調和理念の復権とは、同時に、現代における人間自身の復権を意味しているのです。

これまでの世界は、人間が忘れられた世界であったというなら、これからの世界は人間が真の意味で主役となる世界です。人間が主役ということは、主人公として人間ドラマを演じることにたとえられるでしょう。そこに繰り広げられるドラマは、主人公が苦境をいかに脱し、みごとに成長していくか。幼きときの夢をいかに実現していくかというものです。とくに主人公の〈精神の成長〉こそ、この人間ドラマの中心テーマです。人間はいろいろな可能性をもっているといえますが、この可能性をいかにして引きだすかが問題です。

カントはその倫理学の本（『道徳形而上学原論』）のなかでこう問います。「人は自分の能力の開発をサボってもよいか?」と。努力すれば大きく成長するとわかっていながらも、億劫《おっくう》であるとか、他に楽しいことがあるとの理由で、あえて努力しないことは是か非かということです。この問いにカントはこう答えます。「怠惰《たいだ》、享楽《きょうらく》を決め込むのは自由である。しかし、人間は同時に理性的存在者であり、そうした自分の決定を普遍的な法則として認めることはない」と。

カントは、人間が理性をもつかぎり、成長することを自己の義務としてもっていると考えています。それは自分が自分に与えた義務だというのです。

人間の精神的成長とは、そうした自己の深いありかたを知るところにあるのだと思います。つまり「汝自身を知れ」との言葉が示すように、〈自覚〉が深まるところにこそ自己が自己として現れてくる、つまりそれが成長するということです。人間自身の復権ということも、ここから理解できるように思います。

調和理念の復権が人間自身の復権を意味するということは、裏返していうなら、人間自身の復権こそが調和理念の復権にほかならないということです。

一様性から多様性へ

人間が主役であるということとともに、個別性や多様性を大切にするという観点が、調和理念の復権にあたって重要になります。

池田大作会長は、ハワイ「東西センター」での記念講演（一九九五）において、二十一世紀へ向けて発想の転換をしなければならないと述べ、その一つとして「一様性から多様性へ」という発想の転換について語っています。

一様性がなぜ問題なのでしょうか。皆が同じものをもっているとか、同じような家に住んでいるとか、同じバスに乗るなどということは、まだ外面的な、形の上での一様性でしかありません。ここで問題となる一様化とは、とくに人間に関して、個人の生きかたや個性についてひとくくりにしてしまうような仕方であり、個々人の人格、思想さえも個々のものとして認めないということです。こうした人間性にかかわる一様化は、それ自体、非人間的なものだといえます。

こうした内面的な一様化は目にみえないだけに、徐々に精神のなかに浸透し、気がついたときにはもうすっかり終了していたということになるかもしれません。あるいは最後まで気がつかないかもしれません。

現代では、外面的にはいろいろな色や形があります。ひょっとすると、現代人はすでに中身は一様になってしまっていて、その事実を隠すために外面を多様化したがるのでは……と思いたくなるほどです。個性や人格についても、多様性の尊重はかけ声だけで、実際には一様であることを暗黙裡《あんもくり》に強制している風潮が現代社会の一面にあるといえそうです。

いまほど、多様化の基礎づけ、哲学が必要なときはないといえます。そして、この多様性の基礎づけを可能にするものが、調和の理念なのです。

一様性で問題となるのは、個性、差異を飲み込んでしまうような画一性です。「清濁《せいだく》併《あわ》せ呑《の》む」というような態度が、寛大であり、大人の態度だといわれることがありますが、しかし差異をなくしてしまうような態度が、はたして寛大だといえるでしょうか。

それはむしろすべてを一色に染めてしまうような抽象的普遍（一般化）の態度であり、前章で検討したように、暴力的になっていくおそれもあります。大切なことは、一人一人、一つ一つの個性を大切にし、人間的な多様性をどこまでも尊重していくことです。

仏法の立場

その点、仏法の立場は、個別を重視し、人間的多様性を守るものだといえます。仏法にはそれを可能にする深い智慧があると池田提言は語っています。

「この多様性という点でも、仏教の叡智《えいち》には、多くの示唆が含まれていると、私は思っております。なぜなら、仏教でいう普遍的価値は、徹底して内在的に追求されるため、画一化《かくいつか》し、一様化しようとしても、不可能だからであります」（「平和と人間のための安全保障」一九九五、『池田大作全集』第二巻）

真の理念は、個別的なものを内側から生かしていく力をもっています。それが、ここで述べられている「内在的な普遍的価値」です。これは一様化とは正反対のものであり、むしろそうした悪《あ》しき一様化を不可能にするものでさえあるのです。「桜梅桃李《おうばいとうり》の己己の当体《とうたい》を改めずして」との日蓮（「御義口伝」、『日蓮大聖人御書全集』創価学会版）の言葉の意義について、池田会長は説明します。

「すべてが桜に、あるいはすべてが梅になる必要はない。なれるはずもない。桜は桜、梅は梅、桃は桃、李《すもも》は李として、それぞれが個性豊かに輝いていけばよい。それが一番正しいというのであります」（「平和と人間のための安全保障」）

つまり、一つ一つの個性的なものが、それぞれあるがままに輝くことであり、それがそのまま調和である。差異のない調和はない。調和理念においては、差異（多様性）はむしろ不可欠のものである。――ここに充実した豊かな世界像がその姿を現してきます。一人一人が最高度に自分自身を発揮すること、それを仏法では「自体顕照《じたいけんしょう》※」と形容します。

※自体顕照とは、万法の本体（自体）を照らし真理を現すことであり、仏の智慧の姿のこと。いいかえればそのものの特質、特性をそのまま現し出していく、宇宙の森羅万象が生命そのものとして輝いて

いくことをいう。

「『自体顕照』というごとく、自らの本然の個性を、内から最高に開花させていく。しかも、その個性は、いたずらに他の個性とぶつかったり、他の犠牲のうえに成り立つものではない。相互の差異を慈しみながら、花園のような調和を織《お》り成していく」（同）

また、仏法の教理に「境智冥合《きょうちみょうごう》」という原理があります。「境《きょう》（対境）」とは「万法の体」（すべての現象の本体）であり、「智《ち》（智慧）」とは「自体顕照の姿」（自身を明らかに照らし出して自覚すること）です。すなわち、環境世界（境）と自覚（智）とが深く一つになることを「境智冥合」といいます。

これこそ、真の調和です。生あるものの一つ一つが自らを自覚し、輝くこと、それはいわば世界全体が輝きわたることです。この世界では、すべての個性が尊重されます。こうして真の調和の世界では「相互の差異を慈《いつく》しみながら、花園のような調和を織り成していく」といえます。まさしく「自体顕照」「境智冥合」は、調和理念そのものであるといえるでしょう（その他、「依正不二」「色心不二」「生死不二」など、仏法にはこうした調和原理が多数提示されています）。

さらに「仏性《ぶっしょう》」という概念があります。仏性は、言葉の意味としては「仏の性分《しょうぶん》、本性のこと。仏果を得るための因として一切衆生に備わっている性分のこと」（『仏教哲学大辞典』）です。ここで「仏」とは、「覚者」つまり最高度に自分自身を発揮した者を意味しますから、「仏性が一切衆生に備わる」ということは、生あるものはすべて最高度に自分自身の個性を発揮できる可能性をもっているということになります。すべての生あるものは、自分自身を自覚することによって真に自分であり、また同時に他のものと調和するといえるのです。

仏性の思想は、他者に対する尊厳性を守り、自己に対しては自覚を促す原理として、仏教の調和理念を支える重要な思想だといえるでしょう。

2　エゴイズムを超えて

人間関係と調和

調和理念がもっとも生き生きした形で実現される場所は、人間関係です。人間は一人一人が個々別々の存在ですが、しかも共存しています。私は「私」個人であると同時に「私たち」の一員でもあります。この事実から、古来、人間関係のありかた（倫理）が探求されてきました。

とくに現代、〈他者とはなにか〉という問いがなされます。この問いは、近代の個人主義のうえからなされた問いかけであり、現代特有の自己中心的なバイアスをもった問いだともいえますが、やはり倫理の基本的問題です。池田大作会長は、この問いに対して、中国思想の観点からつぎのように応答しています。

「デカルト哲学にあっては、徹底した個の自律性の貫徹はあっても『他者』というものが、ほとんどといってよいほど顔を出していない。そこが、中国思想にはらまれている自由主義や個人主義と決定的に異《こと》なるところです。『克己復礼《こっきふくれい》』に見るごとく、そこでは、内省的自己《ないせいてきじこ》が、転じて『礼』という社会の約束事を通して『他者』と関《かか》わっていくという視点が、明確に打ち出されております。（中略）私は、そこに中国伝統の優れて現実的なコスモス感覚、更にいえば人間及び社会がどうあるべきかという点への責任感覚、義務感覚といったものを見いだす一人であります」（マカオ東亜大学での講演「新しき人類意識を求めて」一九九一、『池田大作全集』第二巻）

西洋（近代）思想では個人という概念は、それぞれの自分を意味し、基本的に他者は視野に入ってきません。ところが中国思想では、個人、自由という場合でも、そこに本来的に「他者」が含まれているというのです。

デカルトやホッブズが代表するような、いわゆる「個としての人間」という考えに立つと、社会といっても個人の集合だという説明しかできないことになります。あるいは倫理（人間関係）といっても、個としての自分がどのように（同じく個としての）他人とかかわるべきかという意味の個人主義的倫理となります。

西洋的個人主義では、他者もまた、自分と同じ独立した個人とみなします。それはそれで誤りではありません。人間はそれぞれ個人です。ただし、人間のありかたのもう一面である、本来的な「関係存在」については見落としているといえます。その結果、自己と他者の関係の微妙な点へと立ち入ることがむずかしくなります。

たとえば、いま私の目の前にいる人は、たしかに私ではないところの個人です。しかしそれとともに、私のきょうだいであるかもしれず、あるいは古い友人かもしれません。また知らない人だとしても、同じ団地に住む人であったり、さかのぼれば親戚筋《しんせきすじ》にあたる人かもしれないのです。

じつはこうした人と人との具体的関係を、すでに私たち自身の存在そのものが含んでいるといってよいのです。私がいま元気なのは、母が看病してくれたからであり、高校時代に成績を競う友人がいたからこそ、大学に入学できたのだ等々。他者なくしていまの私は存在しないのです。

漢字の「人」は、支えあってこそ人であることを意味し、「人間」という言葉も、古来の意義は「人と人との間」つまり人間関係を織りなす「世のなか」を意味しています。西洋個人主義では、こうした他者理解はありません。つまり、他者を本来的に自分とかかわっているものとしてとらえるという視点がないのです。※

※ここに述べたものは〈individual＝分割できないもの〉としての人間理解で、十五、六世紀に成立したものです。これに対して、ギリシア語に起源をもつperson,personality（人物、人格）という語には、人間の社会的役割が意味として含まれており、他者とのかかわりが含まれた言葉だといえます。

逆に、「東洋には個人主義がない」「個人の自由がない」といわれることがあります。そこから、「東洋は全体主義である」等々と。この指摘は一面ではあたっているかもしれませんが、しかし、そうした安易《あんい》なくくりかたはやはり問題です。マカオ東亜大学での講演でも「中国思想にはらまれている自由主義や個人主義」といわれているように、東洋にも個人主義（あるいは自由主義）はあるのです。ただ、その個人主義の中身が西洋のそれと違うのです。

東洋的個人主義と内省的自己

　東洋（中国）の個人主義は、〈内省的自己〉を本質的に含んでいる個人主義だということができます。内省的自己とは内に自らを省《かえり》みることで、それにより、もともと自己とともにある他者（他者性）を見いだすことを意味しています。この内省的自己を通じて他者とかかわるというありかた、それが東洋的個人主義の特徴なのです。

　その点、西洋では、内省的自己というものが存在しないか、あるいは不明確であり、内省的自己をとおして他者を意識し他者とかかわっていくという視点がない（あるいは弱い）のです。ここには、人間は神による創造物であるというキリスト教的観念の影響があるともいえます。つまり、個人は被造物として受動的な存在であり、神を通じてしか積極的な形では他者に関係できません。また、すべて人間には、自分自身を完全に知るということは、はじめから拒絶されているともいえます。

　もっとも、西洋近代思想が、すべてまったくそうした内省的自己を欠いているということもできません。一例をあげるなら、たとえばカントは、その定言命法で行為の倫理性を「格率《かくりつ》（自分自身の行動原理）の普遍性」に求め、「あなたの意志の格率が、つねに同時に普遍的法則として妥当《だとう》するよう行為せよ」と、内省的自己のありかたを論じています。また、同じく定言命法において、他者を手段としてだけでなく、つねに目的として扱うべしとする他者論が展開されてもいます。しかし、デカルトやホッブズがそうであったように、一般に西洋においては、個の存在が先にあり、他者はそのあとに考慮されるという形をとるのです。その点、中国思想の個人主義は、はじめから〈他者と共に〉なのです。

さきの池田講演では、東洋的個人主義のありかたとしての内省的自己の例として、「克己復礼《こっきふくれい》」をとりあげています。この言葉は、『論語』の「仁《じん》」を述べた言葉であり、「己《おのれ》を克《せ》めて礼に復《かえ》るを仁となす」（顔淵第十二）という孔子の言葉です。すなわち、「自分自身をつねに省《かえり》みて、自身の振る舞いを正していくことだ」ということであり、それが「仁」の徳（優れた性質）だとするのです。

『論語』から、同じく「仁」を説明する他の表現をあげてみましょう。

「己《おのれ》の欲《ほっ》せざるところを人に施《ほどこ》すことなかれ（己所不欲、勿施於人）」（自分の望まないことを他人に仕向けてはいけない）（顔淵第十二）という句も有名です。そしてここにも内省的自己が働いていることを知ることができます。さらに、「人《ひと》の己《おのれ》を知らざることを患《うれ》えず、人を知らざることを患う（不患人之不己知、患己不知人也）」（他人が私のことを知らないからといってくよくよしてはいけない。むしろ私がその人を知らないことを気にかけるべきである）（学而第一）にも、同じく内省的自己が働いています。

「仁」という言葉は、二人の人が心を通い合わせているさまを示しているといわれるのですが、そこから「他者を思いやる」という振る舞いが生じると理解することができます。

共生のエートス

こうした本質的に他者を含んだ心の働きは、東洋思想一般に強くある契機だといってよいでしょう。池田会長はこの傾向をさして「共生のエートス（道徳的気風）」と名づけ

ます。「共生のエートス」とは、
「対立よりも調和、分裂《ぶんれつ》よりも結合、〝我〟よりも〝我々〟を基調に、人間同士が、また人間と自然とが、共に生き、支《ささ》え合いながら、共々に繁栄していこうという心的傾向であります」（中国社会科学院での講演「二十一世紀と東アジア文明」一九九二、『池田大作全集』第二巻）
「共生のエートス」は、個人が陥りやすいエゴイズム（自己中心主義、利己主義）を克服する原理だといえます。この原理は「自他の共生」つまり「多様性を尊重する」原理でもあることに留意したいと思います。そして、東洋思想、とくに仏教思想には、このことが明らかにみてとれます。
原始仏典に属する『ダンマパダ』には、「すべての（生きもの）にとって生命《いのち》は愛《いと》しい。己《おの》が身をひきくらべて、殺してはならぬ、殺さしめてはならぬ※」（『ブッダの真理の言葉・感興の言葉』中村元訳、岩波文庫、一九八七）とあります。

※この言葉には、内省的な問いかけと同時に、他者への積極的な働きかけ（「殺さしめてはならぬ」）が

含まれており、ここに「たえず自己を省みながら、相手の善性を信じ、呼びかける対話」のプロセスが示されていると、池田は指摘している（参照＝「イタリア・パレルモ大学での記念講演『文明の十字路から人間文化の興隆を』」、『聖教新聞』二〇〇七年三月二十七日付）。

仏教の観点が万人に納得できるのは、自己愛をはじめから否定したり制限したりせず、むしろそれをあるがままに認め、そこから出発している点です。倫理や道徳を説く多くの教説は、「自己愛」こそエゴイズムの原理だとして、その否定や制限をもって倫理、道徳としています。しかし、仏教はけっして自己愛を否定も制限もしません。人間を含むすべての生きものは自己愛をもっており、それはそれとしてけっして悪いものではないとみます。なぜなら、自分を愛することは生きていくものとして当然なことだからです。問題は、この自己愛同士が衝突するとみられることです。

西洋的個人主義にあって、ホッブズのように人間はアトム的な個だとするような場合には、自己愛は絶対的なものだといってよいでしょう。その結果、他者の同じく絶対的な自己愛との間に争いが生じ、そこに「万人が万人に対する戦争状態」が生じます。しかし仏教の場合、互いの自己愛が衝突して戦争状態となることを回避する実践原理をもっているのです。それが、「己が身をひき比べて」という〈内省的自己〉の働きです。

「人間、『自分』ほど大切なものはない。ゆえに、『我が身に引き当て』、『他者』を大切にすべきである——まことに無理のない自然な語り口のなかで、相互に『他者』の存在、相手の立場に立ち、共感することこそ慈悲の第一歩であると釈尊は説いているのであります」（ネパール国立トリブバン大学での講演「人間主義の最高峰を仰ぎて」一九九五、『池田大作全集』第二巻）

池田会長はこのように仏教の観点を紹介しています。つまり仏教はエゴを認めるのですが、エゴイズムになることはありません。自己愛は認めるのですが、自己中心主義（利己主義）になることはないのです。なぜなら「共感」「同苦」は他者の立場に立とうとするものだからです。

こうした「共感」あるいは「同苦」について、池田会長は、トインビー博士との対談のなかでつぎのように述べています。

「この〝同苦〟というものがなければ、相手に対する思いやりも生まれないし、その苦しみを抜き去ってあげようという実践も、なされることがないでしょう。また、このような〝同苦〟の感情は、優れた知性の発達によって生まれてくるのだともいえます。つまり、自分以外の存在の苦しみをみて、そこに自らも苦しみを同じく感ずるというのは、かなり高度に発達した知能の働きによる想像力を必要とするからです」（『二十一世紀への対話』）

高等な知能の働きでもある内省的自己の働きをとおして、「共感」「同苦」が生まれ、生あるもの同士が共に互いを尊重しあう態度が生じるのだといえます。そこでは、欲望も自己中心的なものではなく、互いを生かしたいという利他的欲望へと変化します。この欲望は、世界を自己へと収斂《しゅうれん》させるものではなく、反対に自己を世界へと開放するものです。共感といっても狭く閉じられた共感ではなく、どこまでも開かれた共感として拡大していきます。

「こうした『開かれた共感』を育《はぐく》むことによって、多様性は、創造力の触発へと

生かされ、『共栄』の時代、『共存』の文明の土台となりゆく」（「平和と人間のための安全保障」『池田大作全集』第二巻）

このように池田会長は述べています。――この方向に、調和理念は、現代における新しい展開をしていくことができるように思います。

第5章　対話的共生の社会へ

開かれた共感を育む

こうして調和理念の復権について考察してきたのですが、この理念は、私たちの実践のありかたに大きな示唆《しさ》を与えるものだといってよいでしょう。おわりに、調和理念が求める実践について考えてみましょう。

調和理念は「開かれた共感」を求めます。ここから、期待される実践として、「開かれた共感を育《はぐく》む」という運動があげられ、それは対話によってもっとも効果を見いだすとみられます。この開かれた共感を育むという運動の拡大は、真にグローバルな平和世界の建設というビジョンを描かせるものです。池田大作会長はいいます。

「単に戦争のない状態が、平和なのではありません。すべての人々が尊厳を脅かされることなく、それぞれの可能性を最大に発揮し、幸福な生活を築くことができる社会こそが、真に平和な社会と呼べる」（「第三十一回『SGIの日』記念提言」下、『聖教新聞』二〇〇六年一月二十六日付）

平和はなにもない状態ではない、それはいわば死せる平和です。ともすると「平和」はたんなる静止した状態として考えられがちなのですが、本当は、平和は調和と同じく人間学的概念であり、動的な理念なのです。ですから、平和は私たち自身が平和を築くなかにこそあるというべきなのです。

真に平和な社会とは、一人一人が十分に自己のもてるものを発揮できる社会、他者を尊敬し慈《いつく》しむ社会であり、自他ともに幸福が可能になる社会です。この平和社会とは、まさに調和理念が実現した社会だということができるでしょう。

対話こそ変革の力

対話がこの〈平和＝調和〉の実現になぜ有効なのでしょうか。それは、相手と親しくなり、互いに理解しあうためにだけ必要だというだけではありません。自分自身が成長するために対話が必要なのです。池田会長は、つぎのモンテーニュの言葉を紹介しています。

「精神を鍛錬するもっとも有効で自然な方法は、私の考えでは、話し合うことであると思う。話し合うということは人生の他のどの行為よりも楽しいものだと思う」（「第三十一回『SGIの日』記念提言」上、『聖教新聞』二〇〇六年一月二十五日付）

対話によって自己自身が鍛えられ成長するという点に、じつは対話の大切さと喜びがある。他の人と交流できるということは、それだけ自己自身の精神が成長したということなのです。だから喜びがあるわけです。それほど、対話というものは精神的な意義をもつものなのです。

「対話の海の中でこそ、人間は『人間になる』。対話とは、他者を変えるというよりも、まず自分を変える壮大な挑戦」（池田大作／ドゥ・ウェイミン『対話の文明』第三文明社）

この一節は短いのですが、対話というもののもつ大切さを述べてあまりあるような気がします。開かれた対話は変化を生み、人間としての成長を促します。反対に対話のない人生は、「閉ざされた自己」となり、変化は生まれず、成長もないことになる。それは、思索のない生活と同じです。

「他人を変えるのではない、自分が変わるのだ」ということ、ここにポイントがあります。自分のそうした姿勢は他者への触発となり、結果として変革の波動が伝わっていくのです。教育も基本は対話です。対話は互いの思索を呼び起こします。

他者と対話をすることは、一面ではそれぞれが自分自身と対話していることだといえます。また自分自身との対話とは、思索することにほかなりません。思索によって、人間は自己を変革していくといえます。

このようにみると、〈考える〉ということは通常いわれているよりも、大きな意義をもっているといえます。人との対話をとおして自己を深めるということ、そして、そうしたことを可能にしてくれる大切な他者がここにいること、これが対話によって得られるものです。こうして「対話の海の中で人間は人間になる」ということができるのです。

対話をしたあと、「ああよかった」という喜びがふつふつと沸《わ》き起こる。その対話は成功した対話です。それは、話がうまく運んだということではなく、心から話ができた、そして「世界が開かれた、拡大した」という精神的な充足感であり、そこに歓喜《かんき》があります。それは、じつは内省的自己が働き、共生の世界、つまり他者をその必要条件とする共感世界が、私のなかに開けたということを示しています。

したがって、対話における大切な姿勢について、池田会長はこう述べます。

「相手を説得すべき存在として見るのではなく、学ぶべき存在として敬い、尊重していく。それこそあらゆる次元の対話において重要な姿勢といえます」（同）

「あらゆる次元の対話」とは、およそ人間同士の対話においては、「いつ、どこでも、誰とも、どんな話題においても」ということでしょう。あるいはもっと広げて、人間以外の自然についても含めてよいかもしれません（池田会長は「自然との対話」と題した写真展を数多く開いています）。私にとって〈私以外のもの〉は、すべてそこから学ぶべき教師なのです。「我以外皆我師《われいがいみなわがし》」とは、著名な作家・吉川英治の言葉ですが、こうした姿勢にこそ対話が成功する姿勢があるといえます。また、そこに自分が成長するチャンスもあるといえます。

平和的共存の社会へ

逆説的な表現となりますが、裏返していえば、「対話ほどむずかしいものはない」ということです。なぜなら対話は、自己の殻《から》に閉じこもりたいという人間の欲望、頑固な自己中心的な生きかたを打ち破り、そうした安逸《あんいつ》な傾向を転換させるものだからです。他者がいない一見平穏に思われる楽園から、他者と共存し変化の激しい海原《うなばら》へと船出しゆくことだからです。

しかし、この他者と共存する世界こそ、まさしく「人間（人の間）」の世界です。そして、そうした自己をめざしての自己変革の行為を「人間革命」と呼ぶことができるわけです。

「多様に展開している豊かな文化世界のなかで、私たちは他と断絶した孤立主義へと退行するわけにはいかない。ここで決定的に重要なことは、対話の精神の復興と平和的共存への創造的追求である」（Daisaku Ikeda, Moving beyond the use of military force, *Japan Times*, Thursday, Jan.11,2007　訳は筆者）

調和理念の実践とは、共に学びあい、共に励ましあい、そして共に成長していく、この対話的共生にあると思います。そこに世界平和という、崇高なエベレストの峰《みね》が開かれてくるように思われるのです。

池田会長が「間断《かんだん》なき精神闘争」と呼ぶもの、また「地球的な価値の創造」といわれる調和理念（第1章参照）の実現は、平和社会と民衆の幸福をめざしての、人間革命の実践のなかにあるといえるのではないかと思います。

第Ⅱ部　生命尊厳の社会へ

第1章　グローバルな倫理を求めて

現代における普遍的倫理とは

現代は、価値の多様化の時代といわれます。そしてなにがよいものであり、なにが悪いものであるかという価値観は各人各様でよいとされます。こうした価値の多様化は、固定化された価値観、押しつけ型の価値観からの解放という点では、なるほど民主的で望ましいものだといえるでしょう。

しかし、この価値多様化が示すマイナス面も考えてみる必要があります。それは人間同士の相互の不信感、非協調です。価値観が違うということは、ものの見かた考えかたが違うということですから、どうしても人間関係において齟齬《そご》が生じてくるのです。池田大作会長はトインビー博士との対談のなかでつぎのように述べています。

「価値の多様化を認めても、それを包含する共通の基盤となるべき価値観が必要なのではないでしょうか。そうした基盤がなければ、人間相互の信頼と協調は成り立たなくなってしまうからです」（『二十一世紀への対話』）

池田会長は、ここで多様な価値を包含する共通の価値観が必要だと主張しています。

通常、価値はそれぞれの自由だとする価値相対主義《かちそうたい》の立場からすると、包括的《ほうかつ》な価値、あるいは普遍的な価値は否定されます。しかし、価値がすべて相対的だとすると、価値相互の比較、検討をすることもなく、すべてをたんに認めるというだけの不活発な立場、あるいは保守的な立場になってしまいます。

相対主義に対して多元《たげん》主義という立場があります。こちらは、多数の価値を認めつつも、それらを包括する普遍的な価値の存在も認め、それを探究していこうという立場だといってよいでしょう。その意味において池田会長の立場は後者の立場だということができます。

また、じっさいに人間不信が進み、非協力の風潮が強くなっていく現実があります。

こうした現代の問題に目を向けるとき、他の価値観に対する否定的な考えを乗り越え、そしてすべての人から認められるような立場がないかどうか、真剣に探究すべきでしょう。さまざまな価値観がある現代だからこそ、共通の基盤を見いだすという作業が要請されるといえます。池田会長の、多様を包含する共通の価値観についての発言は、そうした現代の状況も踏まえたものといってよいでしょう。

ここに共通の価値を見いだす作業が必要になります。もし、この共通の価値観が真に普遍的なものであるならば、それは普遍的な行動規範といえますから、私たちすべての倫理の基盤ともなるはずです。個別の倫理を超える「グローバル・エシックス（地球的倫理）」といわれるものは、そうした真の普遍性なくしては不可能です。そうした普遍的な価値はどこにみつけられるでしょうか。

倫理の成立と変化

そこで、はじめに倫理というものについてもう少し考えてみましょう。倫理は人間の歴史とともに古いものです。倫理は善悪についての観念をともなっていますが、それは人間が、なにが〈よい〉のか、あるいは〈悪い〉のかと、つねに思い悩む動物だということを示しています。

この善悪の観念は人間独自のもので、動物には善悪の観念がないといわれます。動物は奔放《ほんぽう》で素朴ですが、価値観をもたないということは、意識してよい方向へ進もうとすることもできないということです。

動物は「行動する」が、人間は「行為する」といわれます。〈行動〉はたんに身体的な運動ですが、〈行為〉は精神的活動つまり意識的（自覚的）な活動です。人間は、自らの判断にもとづき、これが〈よい〉と思ったことを意識的に〈為《な》す〉のであり、そこに倫理があるということができます。

倫理にとって、もう一つ大事なことは、人間は他者とともに生きているという事実です。「人間（にんげん、じんかん）」という言葉が、本来、「人の住むところ、世のなか」という意味の言葉だ※ということ（広辞苑には最初にこの意味が出てきます）は現代忘れられつつありますが、留意すべきだと思います。

※たとえば「人間万事塞翁が馬《にんげんばんじさいおう》」という故事は、「世の中は絶えず吉凶が反転する」というような意味です。また、法華経法師品に「衆生をあわれむが故にこの人間に生まれ」とありますが、この「人間」も人が生きる世のなかを意味しています。

漢字の「倫」という字は、本来「人間関係」を意味しています。また、倫理を英語ではエシックス（ethics）といいますが、この語源である「エートス」（ギリシア語で「習俗、習慣」という意味）も、やはり「世のなか」にかかわる言葉に由来しているのです。つまり、他の人とともに共同生活をするところに倫理があるということです。

民族や共同体ごとに、さまざまな行為の規範が形成されてきました。かつては、お互いに行き来することのない集団間では、他の人々の生活に関心をもつ必要はなく、したがって他所《よそ》のルールや規範がどういうものかについて考える必要もありませんでした。しかし、次第に交流がなされるようになると、これまで自分たちの規範だけが唯一だと思っていたのが、じつはそうではないということを知るようになります。

現代はまさしく、そうした交流も地球規模となった時代です。現代では、世界に多様な価値観（そして、それにもとづく規範）があるということは、いわば常識となりました。しかしときには、そうした価値観の相違から、相手を誤解したり、あるいは衝突することも生じるのです。

普遍的な倫理へ

この価値観の多様性をどう考えたらよいのかということが、ここで問題となるわけです。これを異文化理解の問題ということもできます。「ところ変《か》われば品変《しなか》わる」「郷《ごう》に入《い》らば郷《ごう》にしたがえ」などという諺《ことわざ》は、異文化理解、異文化交流のポイントを示したものです。ただし価値観や倫理規範の相違を、たんに違うものとして位置づけただけでは、なにも進展したことにはなりません。

異文化理解を一歩進めるには、相手のもつ価値観や倫理規範について学び、その成立の背景や意義について理解を深めることです。それらは異なった歴史や風土において形づくられたものですから、それぞれの特質をもっています。しかし粘《ねば》り強く、自己と比較しつつ理解を深める努力を進めていくならば、そこに共通のものがあることを発見できるように思います。

もともと他者との交流にあっては、相手のなかに自分と同じものを発見したいという気持ちが働いています。対話も、そうした一致点を見いだす共同作業だといってよいでしょう。そして、その結果、一見異なったようにみえる規範や、それにもとづく行為の奥に、同じ倫理感覚や同じ倫理意識を発見することもあると思うのです。「他者を知ることは自分を知ることに通じる」といいますが、対話を進めることで、思わぬ収穫――自己覚醒《かくせい》ともいうべきもの――を得ることがあります。

こうして見いだされる共通した価値にもとづく倫理を「普遍的な倫理」と呼ぶことができますが、それは万人が納得できる倫理だということです。

池田大作会長は、医師のウンガー博士（ヨーロッパ科学芸術アカデミー会長）との対談集のなかで、こう述べています。

「さまざまな文化や文明と広く対話し、交流し、時には生活をともにすることは、『自文化の深層』への洞察を深めます。自身の拠《よ》って立つ文化や伝統を深く掘り下げることは、それを形づくってきた良質の精神性の源流に立ち返る作業であり、『個別性のなかに普遍性を見いだしていく』作業でもあります。というのは、偉大な文化・文明を形づくってきた精神的エネルギーの基盤には、〝永遠なるもの〟に根差す普遍的価値があるからです。そのような『普遍的価値』に基づく倫理観が求められています」（池田大作／フェリックス・ウンガー『人間主義の旗を』東洋哲学研究所、二〇〇七）

ここでは、対話的共生（第Ⅰ部第5章参照）がたんに相手を理解することだけでなく、（互いに）自分自身を深く理解することでもあるということがいわれています。それは自己の精神の源流へと立ちもどる作業でもあり、個別という外観の奥に普遍を見いだす作業でもあるといわれます。深い対話、交流によってのみ、「永遠なるものに根差す普遍的価値」が見いだされるということです。

こうしていわば井戸を掘り、そこに地下水脈を発見したとき、「普遍的な価値」「グローバルな倫理」もみえてくるといってよいでしょう。ウンガー博士との対談では、その点においてとくに宗教者の役割が大きいとしています。

「二十一世紀の宗教は、それぞれの『宗派性』をこえた大きな志向性をもって、人類の幸福のために努力し、貢献すべきです。人類の平和のために、宗教のもつ『普遍的価値』すなわち『永遠なる生命価値』を深く掘り下げ、『地球市民』として対話を重ねていくべきです」（同）

〈普遍的〉とは、それが万人に納得できるものであるということ、人々すべてが求めているものであるということです。またたんに広範囲に通用するということだけでなく、その深みにおいても十分なものであることが必要です。したがって、そうした労苦を惜しまないことが求められるといえます。

固定された倫理からの脱出

倫理は善悪に関しての知識ですが、それは私たちの向上に役立つものであり、本来そうした自覚のうえに成立しているものだといえます。

しかし、気をつけなければならないことは、いったんつくられた倫理規範が固定されてしまうと、そうした本来の意義を失ってしまうということです。倫理が固定され、絶対的な規範として臨むことになると、それはもはや自覚的なものでなくなり、私たちのための倫理ではなくなってしまいます。

一般に倫理や道徳について必ずしもよいイメージをもたないのは、こうした本来の意義を失った倫理があまりにも多いからかもしれません。そうした倫理や道徳は、なにかよそよそしいもの、あるいは強制するものとしてイメージされ、そこに倫理に対する反発や無視が生まれるのです。

それでは倫理はまったく不要なのかというと、そうはならないのです。倫理のない状態は、行為の規範も秩序もなくなった無政府状態となり、個人のみならず社会も混乱に陥《おちい》ることは目にみえています。個々の恣意《しい》や欲望が跳梁《ちょうりょう》する社会となり、しかもその欲望さえけっして満たされることはないのです。

歴史をみると、大きな社会変動があったあと、民衆の自発による新しい秩序形成の運動も見られるのですが、多くの場合、強力な権力構造へと組み込まれてしまいます。かつてのファシズムのように、現代でも新たなリヴァイアサン※が登場してくる可能性は大いにあるのです。

※「リヴァイアサンLeviathan」とはホッブズ（一五八八〜一六七九）の主著のタイトル。これは旧約聖書にある巨大な怪獣の名前であり、ホッブズは国家主権の絶対的性格をこの「すべてを飲み込む怪獣」にたとえました。ここでは「絶対的な政治権力」という意味。

倫理の原点への回帰

ここで大切なことは、原点に返って、「倫理」とは本来なにか、いかなるものかと問うことです。さきに述べたように、倫理はもともと人間が〈よく生きる〉ための必要から生まれたものでした。〈自覚〉をその基礎とするものでした。

するとと倫理の基礎をどこに求めたらよいかはおのずから明らかです。つまり、倫理の基礎は私たちの生活の向上そのもののなかにあるということです。ただ、ここでいう〈生活の向上〉とは、衣食住の程度を高めるというような意味だけではないということに気をつける必要があります。

生命と生活とは一つのものだということに注意を払うべきでしょう。英語では「life」が、「生命」であるとともに「生活」を意味することは周知のとおりですが、さらにこの日本語の「生活」という言葉を「生命の活動」とおきかえることができるとすれば、生活とは生命の具体的な現象であるということができます。このように、じつは生命と生活とは一つであり、両者は結局同じものだといってよいように思います。

ですから、倫理が生活から離れたものとなるとき、本来の倫理の意義を失ってしまいます。倫理のために生活があるというのではなく、生活のために倫理があるというべきでしょう。あくまで私たちの生活の充実のために、倫理や規範があると考えるべきです。つまり、倫理はなにか他のためのものではなく、自分自身のためのものだといってよいと思います。

そうした倫理は、カントのいうように自律的なものです。自《みずか》らが自らに課すのが自律的なありかたです。ですから自覚的となります。倫理の目的は生活の充実にあり、また私たちの幸福の実現にあるといってよいと思います。そしてその根本において人間としての自覚を深めるもの、それが倫理です。その意味において、倫理は本来、人間主義（ヒューマニズム）の立場に立つということができます。

生活、生命はもっとも身近なものであるがゆえにもっとも普遍的なものです。そしてあらためて現代の倫理を考えるとき、生活を充実する倫理、生命を大事にする倫理が求められているといえます。

倫理は〈生命のありかた〉を反映したものでなければならないといえます。つまり「生命とはなにか」についての認識、いいかえれば生命観こそが、倫理の本質的な基礎であり、私たちにとって普遍的な倫理の基礎となるのではないでしょうか。池田会長の立場は、こうした生命観に立った生命論的倫理の立場であり、「生命の尊厳」という理念にもとづいた「普遍的な倫理」の立場であるということができます。

第2章　現代と生命論

二十一世紀は生命の世紀

池田大作会長は、早くから二十一世紀を「生命の世紀」と位置づけてきました。

たとえば、一九七二年に出版されたクーデンホーフ＝カレルギー伯との対談『文明西と東』では、「私は二十一世紀を〝生命の世紀〟と名づけたい」と述べています。また二年後の『少年抄』（一九七四）の序文では、「私は、未来をどうするかという視点から、来るべき二十一世紀は『生命の世紀』としなければならないと提唱してまいりました」とあります。その後、いたるところでこの表現を用いています。新世紀の開始にあたる二〇〇一年の一月に発表した「第二十六回『ＳＧＩの日』記念提言」のテーマは、「生命の世紀へ　大いなる潮流」でした。最近の著作のなかでは、たとえば「二十一世紀のキーワードは『生命』である」（『法華経の智慧』、『池田大作全集』第二九巻）との表現もみえます。

私たちは、この「二十一世紀は生命の世紀」という池田会長の言葉を、どのように理解すべきでしょうか。もちろん、「生命」という概念が重要であることはまちがいないのですが、その言葉にはそれ以上のもの、深い歴史認識にもとづいた提唱がそこにはあるように思います。それでは具体的にどのような内容と意義をもつのでしょうか。

現代と生命

現代は、「生命」というものの実体がみえにくくなった、あるいは見えなくなった時代だといえそうです。たしかに「生命《いのち》を大切に」ということは、学校でも教え、家庭においても折に触れ子どもに話しているのではないかと思います。しかし、この言葉が子どもたちの心にどのように伝わっているでしょうか。ひょっとするとたんなるかけ声だけになっているかもしれません。

社会では、あまりにも生命を粗末にしているように思われる現象や事件が、あとを絶ちません。そして日々、否応《いやおう》なしに、悲惨なニュースが目や耳に入ってくるのです。いったい「生命が大切」という言葉はどこへいってしまったのでしょうか。この言葉は、もはや中身がなくなったのでしょうか。

生命は大切だと、多くの人が口にするのですが、しかし本当の意味で、そのことが共通の認識とはなっていないように思われます。それは、この言葉の内容がみえにくくなってきたことを意味します。かつてはそうでなかったのでしょうが、いまや生命そのものがとらえにくくなっているように思われるのです。そしてこのことは、日本だけでなく、世界全体がそうだといえそうです。

「生命」という概念は、学問の領域では、「生命科学（ライフサイエンス）」「生命倫理（バイオエシックス）」というように使われています。とくに医学、生物学では、「生命の解明」と称する遺伝子研究またＤＮＡの分析が盛んです。しかし、そうした研究の対象になっているものは、生命というより「生命体」というべきものです。つまり、生命をもった物体（生体、生物）ではあるが、生命そのものとはいえません。

二十世紀を振り返るとき、生物学、生化学などの学問が進展し、「生命体」の研究はかなり前進したわけです。しかし、そうした科学的研究によって〈生命とはなにか〉が解明できたかというと、そうはいえません。日本における生化学の発展に尽くした江上不二夫は、『生命を探る（第二版）』（岩波新書、一九八〇）で、ノーベル化学賞、平和賞を受賞したポーリングの「生命を定義することよりも、生命を研究することの方がやさしい」という言葉を紹介しています。江上自身も、自らの立場を「化学の立場から生命を探る」ものであるといっています。

もう一つの生命の探究

科学的な生命探究はどうしても物質的な面からの探究となり、具体的な現象が中心となります。しかし、ここにもう一つの生命探究の道があります。それは、生命の哲学的探究の道です。生命をその尊厳性から探究すること、つまり「生命尊厳の探究」の道です。じつは、「生命は大切」というときに、そうした尊厳性（大切さ）の理念が含まれているのですが、私たちの思考は一般に、「尊厳性」という理念よりも、物質的なもののほうへと向かいがちなのです。

サン＝テグジュペリ『星の王子さま』に出てくるキツネが、王子さまに向かっていうせりふがあります。「心で見なくちゃ、ものごとはよく見えないってことさ。かんじんなことは目に見えないんだよ」（『星の王子さま』内藤濯訳）。理念というものは、キツネがいうように目にみえないものです。

現代の最大の問題、それはまさしく、この心で見るべき尊厳性が見失われている、あるいは見失われようとしていることではないかと思います。冒頭にあげたクーデンホーフ＝カレルギー伯との対談で、池田大作会長はいいます。

「現代に最も欠けていることは、人間を本源的に考えること、つまり、人間生命の尊厳なる存在についての考え方の欠如であると思う。この思考を忘れて人間復権はありえない」（『文明 西と東』、『池田大作全集』第一〇二巻）

池田会長が、二十一世紀をあえて「生命の世紀」と名づけた理由は、これではっきりします。それは、たんに「生命を大切に」というようなスローガンに終わるようなものではなく、「生命の尊厳」をこの世紀の理念にしていこう、そうした根本的な考えかたを身につけていこう、という主張だということです。ここに、新しい生命観、生命哲学の展開が要請されることになります。

それではなぜ、これまで生命の（物質的な）探求はあっても、尊厳性（大切さ・価値）の探究はなかったのでしょうか。「尊厳性ということは個人的、感情的なものだから、あえて探究するようなものではない」という声が聞こえてきそうです。また、生命の物質的探究を進めていけば、生命の神秘さえ解明できるという考えもあります。たしかに、複雑にしてしかも整然とした生命体の構造を知ったときの驚きの念は、生命は神秘だという思いを深めるでしょうし、そこに創造者としての神をたたえるということも考えられることです。

しかし、尊厳性というものは、けっして簡単に見いだされるものではないと思います。

それはたんに生命の一つの属性というより、むしろ生命のもっとも中心的な本質、あるいは生命の本性と考えるべきではないかと思います。ですから、それに肉薄しようとするぎりぎりの精神的格闘を通じて、はじめてその姿がみえてくるようなものです。そのときこそ、「生命とは尊厳なものである」という認識と同時に、「真に尊厳なものは生命のほかにはない」という深い自覚も生まれるように思います。そうして自得されるものが生命の尊厳性ではないかと思います。

生命感覚の衰退

「生命が大切」だといいながら、なぜ社会には暴力行為があとを絶たないのでしょうか。また世界では戦争がなくならないのでしょうか。それは一つには、私たち現代に生きる人間が、〈生命そのものを感じ、把握する力〉が弱くなっているからではないかということです。生命そのものを感じとることができないと、生死についてもその意味を深く思うことはありません。

人類は地上に誕生してから、大自然とともに呼吸し、大自然の恵みによって生きてきました。古い時代の人々は、ときには恐怖をも感じながらも、この大自然の営みのなかに恩恵を深く感じとっていたことでしょう。そこに生命なるものの偉大さや深さを感じとり、生きていることの意味を感得していたと思われるのです。そうした想いが古代の神話には反映しています。

ひるがえって現代人にとっては、生きることはとくに大自然と密着することでもなく、したがってその恵みを感じることも、さほどではなくなってきているように思います。

そのもっともよい例が、食べものに対する私たちの感覚でしょう。現代では、発泡スチロールのパックに入れた食肉を買うことができます。お金の余裕さえあれば、高級な牛肉でも買えるのです。買うとき、そして食べるときでさえ、牛や豚などの動物に感謝することは少ないのではないでしょうか。牛や豚といっても、私たち人間と同じ生きものです。生命をもったものです。その肉を「いただく」ことで、私たちは生きているわけですから、感謝をしても当然かもしれません。しかしどうも、食べものは〈食品〉である、つまりたんなる〈食べることができる品物〉にすぎないと思うようになってしまったようです。

これを生命感覚の鈍化《どんか》といってよいでしょう。かつての時代と比べて、現代は生や死を感じる感覚が弱くなっていると思わざるをえません。現代、「死とはなにか」を学ぶことの少なさが、生の意味についても考えない、考えられないという結果となっているという指摘もあります。たしかに現代では、家庭（日常）から死が遠ざけられています。その結果、生命感覚が弱まったのだということも一理あるように思います。

生を狭める力

しかし、その根はさらに深いところにあるような気がします。池田会長はつぎのように指摘しています。

「現代という時代は〝生の力〟よりも、何倍、何十倍も〝生を狭《せば》める力〟が強まっていると感ずるのは私一人だけではあるまい。（中略）生命軽視と生命力衰弱の現代にあって、あらゆる人の生命の内奥《ないおう》からいかにして生きる力、深い生命の歓喜をともに顕現《けんげん》していくことができるかという実践の重要性は、ますますその重みを増していくにちがいない」（『私の人間学』、『池田大作全集』第一一九巻）

ここでいう〈生の力〉は生命力だといえますが、〈生を狭《せば》める力〉とはどんな力でしょうか。それを現代という時代の傾向として述べているのです。この力の本体を見きわめることが必要です。

ある意味では、〈生の力〉と〈生を狭める力〉とのせめぎ合いは、いつの時代にもあったものです。生きるということ自体が、つねにそれを妨《さまた》げ、抑圧するものとの戦いという面をもっています。自然や社会には、つねに〈生を狭める力〉が存在しているとみられます。それは、悪《あ》しき環境であったり、悪しき社会制度であったりします。

とりわけ、近代という時代が〈生を狭める力〉を増大させてきたこと、それが科学技術の進展と並行して増大してきたようにみえることは、真剣に考えてみなければならない問題です。科学技術の進展そのものが悪とはいえませんが、ただ、その進展が、人間にとってなにか大切なものを覆い隠し、みえにくくしてしまったということがあるかもしれません。

〈生を狭める力〉は、ある意味では人間に内在しているとみられます。精神分析学者フロイトは、人間に内在する攻撃性、自己破壊性をタナトス（ギリシア神話で死を司《つかさど》る神）と呼び、そういう死の本能が人間には本来あるといっています。またニーチェは、『ツァラトゥストラ』のなかで、人間に内在する生の反作用を「重さの霊」と名づけています。この霊は、人間の生の力を弱めその上昇を妨げるものです。この「重さの霊」とは、まさしく〈生を狭める力〉だといってよいでしょう。

人間は、この〈生を狭める力〉と戦い勝たなければならない。そうしてはじめて自らの創造的な力で生きる資格と喜びがあるのだとニーチェは呼びかけました。これは、もはや古い価値観ではやっていけず、さりとてまだ新しい価値が不明な状態――歴史として現れたニヒリズム――のさなかにあって、来るべき時代の創造的生命を求め、そして生命の尊厳性を樹立しようとした、生の哲学者ニーチェの叫びであったといってよいでしょう。

こうしたニーチェの必死の叫びにもかかわらず、二十世紀は「戦争の世紀」といわれるほどに、〈生を狭める力〉が跋扈《ばっこ》した世紀でした。そしていまもこの力は蔓延《まんえん》しているように思われます。

新しい生命観の樹立を

私たちは原点へ立ち返るべきだと考えます。その原点とはなんでしょうか。「かんじんなこと」「新しい価値」とはなんでしょうか。それは「生命の尊厳」という理念です。それはみえるようでみえないもの、わかっているようでわかっていないものです。しかしいまや歴史の運動のなかから、忽然《こつぜん》として浮上してきたものがこの理念です。

この生命の尊厳の探究、そして深い生命の把握なくして、ニーチェが予言したようなニヒリズムの時代を超えていくことも、二十一世紀という時代を「生命の世紀」そして「人間主義の世紀」にすることもできないように思います。歴史を変える重要なポイントは、新しい生命観に立つことにあると思います。現在なお通用しているようにみえる物質的な生命観は、新しい生命観へ、物質面のみならず精神面をも含む全体的な生命観へとシフトされなければなりません。

時代は新しい生命観の樹立を求めています。そして、この時代の鼓動と響きあうように、書店には生命論に関する新しい本がいくつか並んでいます。見るところ、それらは、いわゆる科学的生命観に立ったものだけでなく、哲学、宗教、文学、民俗学など、多岐《たき》にわたる分野からのアプローチがなされているようです。また、たとえば宮崎駿《みやざきはやお》の描くアニメなどにも、病める現代を乗り越えようとする視点からの生命観にもとづいたユニークな作品がみられます。

第3章　生命観と幸福観

1　全体観からの考察

生命観と幸福観の関係

池田大作会長は、「深き生命観の探究なくして心広々とした生き方も、たしかなる幸福観の確立もない」（『私の人間学』）と述べています。幸福について考察するためには、生命に対する理解と把握が不可欠であるという主張だといってよいでしょう。ここには池田会長の深い洞察があるように思われます。

生命と幸福――この二つはどのように関係しているのでしょうか。池田会長は著作や講演でしばしばトルストイを引用しますが、そのトルストイはつぎのように語っています。

「人間が自己のうちに感ずる幸福への志向が、すなわち生命であり、あらゆる生命の特徴であるという認識なしには、生命に対するいかなる研究もありえないし、生命に対するいかなる観察もありえない」（トルストイ『人生論』原卓也訳、新潮文庫）

トルストイによれば、生命と幸福とはきわめて密接な関係にあるとします。人間が自身の幸福を求めているように、すべて生命は幸福を求めているということ、このことをまず知る必要がある。したがって、生命の探究はまずこの事実をしっかり認識することであるというのです。

生命観と幸福観とは、ちょうど車の両輪のようなものと考えられます。「生命とはなにか」と探究することは「幸福とはなにか」を知ることであり、また「幸福とはなにか」と考えることは「生命とはなにか」を理解することになる、ということです。

このように生命観と幸福観とをはっきり結びつけた人物として、トルストイと池田大作会長の二人は代表的です。しかも両者には、その把握の仕方においてかなり共通したものがあるように感じられます。

相対的幸福と絶対的幸福

私たちは幸福を求めています。それは生あるものの本能かもしれません。それでは幸福とはどういうことをいうのでしょうか。感覚的には、満ち足りた心身の充足感ともいうべきものだといえそうです。それでは、この充足感はなにが充足されることによって生じるのでしょうか。

自分が欲しいものが手に入ったとき、私たちは満足します。幸せを感じます。しかし、こうした満足感、充足感は、いわばなにか〈外なるもの〉を求める欲望が満たされたことによる一時的な感情だといってよいでしょう。ですから、求めるものが充足されるや否や、今度は別の欲望が生じてくることもあります。より大きなもの、より美しいもの、あるいは異なった対象を求めるのです。しかし、これらはすべて〈外なるもの〉にほかなりません。〈外なるもの〉が無数にあるように、この欲望の数は無数だといえます。人間はこの〈外なるもの〉にとらわれているかぎり、永続的な満足は得られません。裏からいえば、つねに不満の連続だといえます。

ここで〈外なるもの〉という表現を使いましたが、これはむろん〈内なるもの〉に対する表現です。〈内なるもの〉とは自己自身に根差すもののことであり、〈外なるもの〉とは自己に属さないものである。ここで池田会長は幸福に二種類あるといっています。

「人生の幸福には、大きく分けて二つの種類がある。欲望の充足によって感じる幸福と、生命自体の躍動、充実感による幸福である。前者は常に他に依存し、他者によって左右されるものであるから、これは『相対的幸福』というべきである。……これに対し、自己に立ち返り、自己の成長と内的充実とを目ざす生き方、そして生命の内奥《ないおう》からあふれる幸福感は、他によって左右されることはない。これを私は『絶対的幸福』と呼びたい」（『幸福抄』主婦と生活社、二〇〇三）

瞬間的な幸福、あるいは永続しない幸福は「相対的幸福」です。相対的幸福は、自己の欲望の充足が〈外なるもの〉、つまり対象に依存するという構造をもっています。したがって、一時的な充足感があっても永続することはありません。なぜならば〈外なるもの〉はあくまで外部のものであり、自己の支配下には本来ないものだからです。ここでは、自己（主観）と他者（客観）とはつねに切り離されており、自己はむしろ他者に支配されている受動的なものでしかないのです。

それに対し、「絶対的幸福」といわれるものは、永続的な幸福ですが、なぜ永続するかといえば、それは他者（外なるもの）によって支配されるものではないからです。ここでは自分が自分を支配している。〈内なるもの〉が直接の対象となっているのです。つまり自律です。そこでの充足感は、完全な充足感すなわち〈充実感〉というべきものです。ここには豊かな生命感覚ともいえる「生命の内奥からあふれる幸福感」があるといえます。

この「絶対的幸福」における〈喜び〉は、相対的幸福における欲望の充足によって得られる喜びとは質的に異なった喜びだといえます。後者は感情、感覚であり、快楽だといえますが、前者はさらに深い喜びとして、生命自体の喜びというべきものです。この深い喜びについて、これまで知識人はあまり注目してきませんでした。このことを指摘したのは生の哲学者ベルクソン（一八五九〜一九四一）です。

「生命の意義や人間の進むべき目標について思索した哲学者たちは、自然がこれらの問題についてわざわざ教えてくれていることを十分には指摘しておりません。自然は明確なしるしによって、私たちが目標に到着したことを知らせてくれます。そのしるしとは歓喜《かんき》であります。私は歓喜と言っているのであって、快楽と言っているのではありません。快楽は、生物に生命を維持させるために、自然が考案した技巧的な手段に過ぎませんし、快楽はまた、生命が進んでゆく方向を指し示すものではありません。しかし、歓喜はいつも生命が成功したこと、生命が地歩を占めたこと、生命が勝利を得たことを告げています。そうして、大きな歓喜なるものには勝《かち》鬨《どき》のひびきがあります」（「意識と生命」池辺義教訳、『世界の名著・ベルクソン』中央公論社）

ベルクソンが「快楽（le plaisir）」に対して「歓喜（la joie）」としてあげた感情は、〈生命の充実感〉であり、生命それ自身の成長、あるいは自己発展の喜びのことです。生命とは成長するものです。充実を求めるのです。この〈生命の成長〉こそが幸福の実体だといえるのではないかと思います。

正義と幸福

ここで大切なことは、生命の成長、あるいは自己発展といっても、たんに外界と切り離された自分一個だけのことがらではないということです。外界のない自分はなく、自分のない外界というものもありえません。自と他、内と外という両者が一体となっているのが生命です。それゆえ生命には部分とか全体という区分はなく、一体なのです。生命にとっては、あえていうならすべてが自己なのです。

倫理学の世界最初の体系書であり、幸福を論じた書であるアリストテレスの『ニコマコス倫理学』という著作があります。池田会長は『私の人間学』のなかでこの書をとりあげ、注目すべき点をあげています。

アリストテレスはこの著作のなかで、「善とはなにか」と問い、「人間にとってそれは幸福のことにほかならない」といいます。そして人間の幸福にとって決定的な力となるものは「魂の徳（アレテー、卓越性）」であるとします。アリストテレスはこの徳の内容をいろいろあげていますが、もっとも重要な徳は「正義」の徳であるというのです。池田会長はこのアリストテレスの考えについて、

「注目すべきは、とくに正義こそ、最重要の徳であり、完全な徳としている点である。その理由は、正義は、自分の行いにとどまるものでなく、他人にこれを及ぼすことができるから優れた徳である」（『私の人間学』上、『池田大作全集』第一一九巻）

と述べています。そしてここに指摘されたように、「正義」こそ、古代ギリシア時代を通じてたしかに最高の徳であったといってよいでしょう。

ホメロス作の古典『イーリアス』や『オデュッセイア』でも、ギリシア人の徳として名誉や勇気とならんで正義があげられています。プラトンが、知恵、勇気、節制の徳を包括する最大の徳としてあげているのも正義の徳です。この正義は、ポリス（都市国家）に生きる人間にとって、最大の善でした。たんに自分だけの善ではなく、他者の善をも実現するがゆえに、正義は最大の善なのです。

「人間はポリス的動物である」といわれるように、人間は孤立して生きるのでなく、つねに他人と共にある存在です。したがって、〈自分にとってよいことはまた他者にとってよいこと〉でなければならない。また、〈他者にとってよいことは同時に自分にとってよいこと〉であるとみるべきだといえます。

この人間の共存＝共生にこそ、最大の善があり、そしてこれはまた最大の幸福を実現するものだということになります。つまり、まさしく正義こそ、最大の幸福の内容だといえるのです。

たとえばソクラテスが徹底してポリスのために尽《つ》くした人であったこと、そのためには死をも恐れなかったということは、『ソクラテスの弁明』や『クリトン』を読めば明らかです。ソクラテスはまさに正義の人だったといえます。そしてそれゆえにまた幸福な人であった※というべきでしょう。このように正義と幸福が結びつくのは、生命の全体的なありかたがその基礎にあるからだといえます。

※ソクラテスは、「善良な人には、生きているあいだも死んでからも、何一つ悪いこともなければ、彼

の身にかかわることが神によってないがしろにされることもないのだということ」を確信していたと思われます（プラトン『ソクラテスの弁明』三嶋・田中訳、講談社学術文庫）。

自他共の幸福

牧口常三郎初代会長は「価値論」において、人生の目的は幸福な生活を営むことにあるとし、その幸福の内容（価値）を詳細に検討しました。その結果、最高の価値である「善」については、端的《たんてき》に「公益を善という」（『牧口常三郎全集』第五巻）のであると述べています。

ここで「公益」というのは、「公」という字が示すように、たんなる個人的な利益ではなく、団体・社会全体の利益を意味しています。つまり、自他共に利益を得ることを公益というのです。そして、ここにこそ最高の幸福があり、「正義」があるとしています。

アリストテレスの倫理学と同様に、牧口会長の価値論においても、幸福、善、正義は一本に連なっているということができます。価値は個別的次元を超えて、より高い次元へと入らなければならないのですが、このより高い次元こそ、個人の欲望を超えた生命の次元だといってよいと思います。

池田大作会長はこのことについて、仏法的観点からつぎのように指摘しています。アリストテレスは、幸福を支える「魂の徳」について述べたのであるが、「これは仏法で説く『仏界』の境涯を志向したものといえるのではなかろうか」(『私の人間学』)と。「仏界」とは最高の境涯のことですが、それはたんに個人的な幸福を意味するものでなく、他者をも幸福にしゆく力ある境涯だということです。

このように「絶対的幸福」あるいは「魂の徳」は、自己創造の力、そして内と外とを一つにする力、自他共の幸福を実現する力を内包したものとして、真に充実した生命を意味するということができます。

2 東洋的観点から

「仁」の徳について

つぎに、東洋的観点から生命と幸福の問題を考えてみたいと思います。東洋の根柢《こんてい》にはこの問題に対する深い洞察があります。とくに古代中国では、人と人、あるいは人と自然というように、人間を中心にして万物の関係が考えられています。そこに、生命と幸福が一つになる場をみていたといってよいと思います。

東洋的倫理の中核概念ともいえる「徳」という概念があります。この「徳」は、生まれつきの本性、人格的な力の意味をもつのですが、また力用、利益、富などの意味ももっています。つまり徳とは、たんに内面にとどまっているものではないのです。一般には静的、内面的に考えられがちな「徳」ですが、じつは、かなりダイナミックな内容をもつ概念だといえます。

たとえば「徳は孤《こ》ならず必ず鄰《となり》あり（徳は孤独ではない、必ずなかまがいる）」（里仁第四）という『論語』の言葉は、徳がよき人間関係を築く原理であることを示しているとみられます。孔子はこうした徳のなかで、もっとも重要なものとして「仁《じん》」をあげています。

仁とは「忠恕《ちゅうじょ》」つまり真心と思いやりをもって人に接することであり、他者を慈愛することとされます。

『論語』では、この仁のありかたがさまざまに語られています。たとえば「己《おのれ》の欲せざるところを人に施《ほどこ》すなかれ（自分が望まないものを人に差し向けてはいけない）」（顔淵第十二）とあります。あるいは、樊遅《はんち》という弟子が「仁とはなにか」と孔子に尋ねたとき、孔子は端的に「人を愛することだ」と述べたといいます。孔子は、仁こそ真の人間関係を築く原理として考えていたことがわかります。

孔子は天や天道（超自然的な宇宙の道理）についてあまり語らず、もっぱら人道（この世の人のありかた）について述べたといわれます。そしてこの人道の中心となる原理こそが仁でした。仁には、あるべき人間の生きかたとして、他者との共存、共生が含意され、さらにその背後には、天道にも通じる大きな生命のありかたが示唆されているということができます。

つぎに孟子《もうし》ではどうでしょうか。孟子は仁について「それ仁とは天の尊爵《そんしゃく》なり、人の安宅《あんたく》なり（仁とは天が授けた尊い爵位である。人にとって安心して住むことのできる家である）」（『孟子』公孫丑章句上）といっています。仁はもともと、天に由来する尊いものであり、それをもって私たちが安楽な生活をすることができるというのです。孟子にあっては、仁は人間関係の原理というより、生活原理としてみられているように思います。

さらに孟子は、「浩然《こうぜん》の気《き》」というものについて語っています。『孟子』（公孫丑章句上）にほぼつぎのような対話があります。

……孟子はいった。「私はよく浩然の気を養っている」。公孫丑《こうそんちゅう》が「浩然の気とはいったいどういうものですか」とあえて尋ねた。孟子は、「言葉ではなかなかいいがたいが、この上もなく大きく、また強く、しかも正しいものである。損《そこな》わずに育てていけば、天地の間に充満するものである。この気はいつも正義と人道とに連れ添って存在するものだから、この二つがなければこの気はしぼんでしまう」と答えた。……

ここで孟子のいう「浩然の気」とは、正義と人道によって養われるところの心身の活力のことであり、天地に通じるところに湧《わ》き出る本然の〈生命力〉ということができると思います。

孔子では、仁の説明は主として人間関係（人と人の関係）に焦点があてられていますが、孟子では天と人の関係にも言及《げんきゅう》し、またそこから生まれる生命力にも言及しているとみられます。私たちはここに、徳というものが、本来、自己と他者の合一において成立するものであり、そこに生じる生命力を意味しているということを理解できるように思われます。

天人合一思想

こうした〈自他の合一〉という気風は、古来、漢民族の間で育《はぐく》まれてきたといわれる「大同《だいどう》思想」「天人合一《てんじんごういつ》思想」に由来するとされます。

「大同」とは、利己主義がなく、相互扶助のいきわたった理想的な社会状態を表す言葉です。また、「天人合一」とは、天道《てんどう》と人道《じんどう》との合一の原理です。この両概念については、第Ⅰ部でもとりあげた季羡林《きせんりん》、蔣忠新《しょうちゅうしん》、池田大作の三者による鼎談《ていだん》『東洋の智慧を語る』（二〇〇二）でくわしく論じられています。

「天」については、学者によって解釈が異なるのですが、季博士によれば「大自然」としてよいとします。季博士は、つぎのような中国少数民族の伝承があるとして、紹介しています。

「大地の優《すぐ》れた虎、虎の頭は天が与えたものである。虎の皮は大地が与えたものである。虎の骨は石が与えたものである。虎の肉は土が与えたものである。虎の眼は星が与えたものである。虎の腹は月が与えたものである……」（『東洋の智慧を語る』）

ここには、天地万物を一体とする精神が脈打っているといえます。また、儒家思想にも『周易《しゅうえき》』など、早くから天人合一の思想がみられます。中国の思想の発展において、「天」は、神というような人格的・超越的なものとして考えられたというより、むしろ法則的・自然内在的なもの（天道）と考えられていったとみられるのです。これについて鼎談のなかで池田会長は、このように形成された天人合一の思想に、中国的な人間主義が由来しているということを指摘し、こう述べています。

「『天』が人の中に内在するがゆえに、人間の本性は『善』であるとするのが、孟子の性善説です。その特徴は、自然の理法がそのまま倫理の理法となっているところにあります。また、『人間の本性を知れば、天の心がわかる』（『孟子』尽心上）との一文は、中国思想の特色である『人間主義』の立場を示してもいます。すなわち、『天』は道徳の根源である。そして、天と人とは連関している。ゆえに、いたずらに天をまつるのではなく、『人』に関心を払っていれば、それが結局、『天』に通ずることになるのだ、とする立場です」（同）

このように池田会長は、「天人合一」思想が中国的人間主義の背景となっていることに注目し、ここに「共生のエートス（道徳的気風）」というべきものがあると指摘しています。

すでに池田会長は、一九九二年秋の中国社会科学院での記念講演「二十一世紀と東アジア文明」において、「共生のエートス」が東アジア地域に流れ通っているということを述べています。

「共生のエートス（道徳的気風）」とは、東アジアの比較的穏やかな風土の影響もあずかって「対立よりも調和、分裂よりも結合、〝我〟よりも〝我々〟を基調に、人間同士が、また人間と自然とが、共に生き、支え合いながら、共々に繁栄していこうという心的傾向」（『池田大作全集』第二巻）であるとし、しかも、この「共生のエートス」は、固定された規範のように「人間や社会をがんじがらめにするのではなく、時代の変化に柔軟かつ自在に対応しうる、本質的に開放系の心情・エネルギーを意味して」（同）いると述べています。そしてこれはまた、『法華経』を中心とする仏教思想にも通じているということを述べています。

倫理が人間の生活に由来するものであること、さらにはその生活を充実させ、幸福をもたらすためにあるということを考えるとき、「大同」あるいは「天人合一」という「共生のエートス」は、開放系の心情・エネルギーであり、さまざまな形をとりつつ、人間を中心として万物を結びつける原理だということができると思います。

生命力、あるいは生活力は、この「共生のエートス」から由来するものであり、これこそが私たちの生活を充実させ、幸福にするものだということができます。すなわち池田会長のいうように、東アジアに流れるこの「共生のエートス」こそ生命と幸福とが結びつく場所だといえるのではないでしょうか。

第4章　生命論の新しい展開へ

1　従来の生命観とその批判

従来の生命観について

この章では生命観の新しい展開についてみていきたいと思います。

さきに「現代という時代は『生命』というものの実体がみえにくくなった時代、あるいはみえなくなった時代」だと述べました。また「かんじんなことは目にみえない」というサン＝テグジュペリの言葉を紹介しました。それは、現代人は「生命」についてある種の誤解をしているということをいいたいがためでした。しかもその誤解は、常識になるほどたいへん広まったものですから、ここではまずこの誤解について述べる必要があります。

これまでの生命観を大きく分けると、生気論《せいきろん》（vitalism）か機械論《きかいろん》（mechanism）のどちらかの立場であったということができます。

「生気論」（活力説ともいいます）は、生命現象は無機界の現象には認めることのできない非物質的原理によるとする説であり、あらゆるもののなかに、ある神秘的な力（これを生気という）が備《そな》わっているとみるものです。古くから、万物には精霊《せいれい》（アニマ）が宿っているとする考え（アニミズム）があります。たとえば木々や動物にはそうした霊が宿っていると考え、それが信仰の対象となることもありました（トーテミズムなど）。

また人間には霊魂が宿り、生きている間は霊魂が身体を支配し、死ねば霊魂はあの世に去っていくと考えられたのです。現代では、単純にそうした精霊や霊魂を主張する人々は少ないと思われますが、やはり生物にはなんらかの独自な原理があると考える人々も多いようです。伝統的な宗教儀式などには生気論的考えが残っているといえます。

また、汎神論《はんしんろん》思想として展開されることもあります。しかし、どうしてもこの立場は合理的には説明がむずかしく、神秘的な性格をもっているといわざるをえません。

それに対して、生気論のもつ神秘性を拒否する立場として、生命を機械論的に考察する立場があります。「機械論」とは、生命を一種の機械とみなす立場であり、近代以後の科学的立場は基本的にこの機械論的立場に立っているといってよいと思います。この立場は、生物学においては、生命体を物理的・化学的な構造体としてみる立場です。生命を（アミノ酸の合成によってできた）タンパク質からできた細胞とその活動とみるのであり、有機体の電気・化学的反応がその活動だとしています。つまり、生命体といっても、結局は大なり小なりの機械であるとしているのです。

たしかにこの立場は、生気論のもつ非合理な面を排除し、合理的に生命を説明するものだといってよいでしょう。しかし生気論の立場からは、この機械論は生命のすべて（たとえば生命のもつそれ自体の動性）を説明するものではないと批判されてもいます。

従来の生命観の見直しを

池田大作会長とトインビー博士との対談『二十一世紀への対話』のなかに、生命の誕生をめぐっての論議があります。

生命を物質現象とする科学の立場に対して、池田会長は、そうした科学的立場では生命の発生を十分に説明できないといいます。

「ここで私が問題にしたいのは、〝どのように〟ではなく〝なぜ〟無生の物質の世界に生命が誕生することができたか、という点です。それは、物質現象の側面のみの問題ではなく、もっと深く、生命の本質にまで掘り下げてみなければならないテーマになります」(『二十一世紀への対話』)

生命発生が〈どのように〉なされたかは、機械論的に説明が可能です。しかし〈なぜ〉生命が誕生したかということは、機械論的に説明できるものではない。というのは、それは生命それ自体の問題だからです。〈どのように〉〈いかに〉という問いは、現象論の次元の問いといえます。たとえば「アミノ酸の合成、タンパク質が複合した生命」というような説明は、生命（体）を現象面から論じたものにすぎないのです。

しかし、機械論を批判するからといって、池田会長の立場がさきに述べたような生気論の立場だということではありません（池田会長の立場は後述します）。

機械論は生命を物質現象として把握するものですが、生気論もまた物質を否定するということではなく、物質だけで説明することを否定するのです。つまり生気論とは、物質にプラス・アルファとして、なんらかの（精神的）原理を加えるものだといってよいと思います。つまり、生気論は物質だけでは生命現象を説明できないと考えるゆえに、精霊とか霊魂という「生気」を付加するのです。

すなわち機械論、生気論ともに物質を実体としているのですが、生気論はさらに（精神的な）実体を付加するのです。その意味では機械論が一元論といえるのに対し、生気論は二元論といえます。

現代の素粒子《そりゅうし》論や量子力学《りょうしりきがく》では、「物質」そのものがある種の運動をしているとされます。つまり、物質は単純に固定した実体的なものとはいえないということが示されつつあります。粒子性《りゅうし》と波動性《はどう》をもったもの、不確定的にしか語りえないもの、それが物質だと解されてもいます。すると、機械論も生気論も見直すことが必要となってくるように思います。

生命倫理の問題点

一方、「生命倫理」という言葉はいまではすっかり有名となりましたが、もと「バイオエシックス（vioethics）」といわれるこの分野は、一九六〇年代の後半からアメリカで形成された学問分野であり、臨床《りんしょう》的な場面で、医療の行動基準をしっかり定めようとするものでした。「インフォームド・コンセント（十分な情報による合意）」とか「リビング・ウィル（生前の意志）」などの概念も、はじめはどこか異端視されましたが、現在ではふつうに使われる言葉になりました。また日本では、脳死問題、尊厳死問題など、死の定義をめぐっての議論が大きな関心を呼びました。

日本では、アメリカに遅れて一九八八年（昭和六十三）年に学際《がくさい》的な日本生命倫理学会が結成され、その後の日本の生命倫理の議論を展開しています。しかし、そこでの議論の多くは「生命とはなにか」という問題には触れず、臨床的な場面で「いかに扱うのがより好ましいか」という状況倫理をめぐるものです。

「生命倫理（バイオエシックス）」が、もともと臨床的な現場からの必要から生じてきたものであることを考えると、こうした状況倫理的なものとなることもやむを得ないのかもしれません。しかし、生命倫理がたんに生命体（としての人間）を取り扱うさいの基準を設ようとするだけの技術的な学問だとしたら、少し寂しい感じがします。

さまざまな分野が関連する学際的な学問として生命倫理学を論じる場合には、やはりもっとも根本的な問題である「生命とはなにか」との問いかけを忘れてはならないのではないでしょうか。その意味で、「生命倫理」ではなく、「生命論的倫理」が求められているといえます。

トルストイの指摘

ロシアの文豪トルストイ五十九歳のときの著作に『人生論』※があります。この著作は彼の思想を理解するうえでもっとも重要なものの一つとされているものです。

※一八八七年、トルストイが彼の生命論を展開した著作。日本では従来『人生論』と訳されて親しまれてきたが、原文のタイトルの「О ЖИЗНИ」は本来は「生命について」と訳すべきだと原卓也は述べています。

ここでトルストイは、生命の研究についてつぎのように述べています。

「人が生命を研究するのは、生命がよりよいものになるためにほかならない。知識の道で人類を前に押しすすめる人たちは、まさにそのように生命を研究してきた。しかし、そうした人類の恩人や真の教師とならんで、考察の目的を放棄し、その代わりに、どうして生命は生ずるのか、なぜ水車がまわるのかといった問題を詮索《せんさく》する判定者は常にいたし、現在もいる」（『人生論』原卓也訳、新潮文庫）

たとえていうと、粉ひきを生計とする人にとって、うまく水車で粉がひけることが大事なことである。そこでは目的がはっきりしている。しかし、あるとき、水車の構造とか、川の水について研究することがより大事なことだと思うようになり、その研究に没頭した結果、すっかり水車の調子が悪くなってしまった。……ちょうど同じような事態が、「生命」について起こっているとトルストイはいいます。それは目的を見失ってしまった状態であるというのです。

「『生命』という言葉で理解しているのは、もはや生命ではなく、生命はどこから生ずるかとか、生命にともなうものは何かということなのである」（同）

このトルストイの指摘は、生命を科学的に（化学、物理学などで）解明できるとの錯覚に対して、その非を述べているのです。

「われわれは、たとえば、細胞には生命があるとか、細胞は生きた存在であるとか言う。にもかかわらず、人間の生命の基本概念と、細胞に存する生命の概念とは、まるきり異なるばかりか、結びつけることさえできぬ二つの概念なのである」（同）

トルストイにいわせれば、ここに二つの生命概念がある。一つは、「細胞が生きている」という場合の「生命」である。もう一つは、「人は生きている」という場合の「生命」である。そして、この二つの概念はまったく異なるものだというのである。

前者については科学（化学、生物学）的説明が可能であろう。しかし、後者について、これもまた科学的に説明できると主張するならば、その人はなにか大切なことを見誤っているのだ……。

「誤った科学は、生命に付随するさまざまの現象を研究しながら、生命そのものを研究していると思い込み、その想定で生命の概念をゆがめている。だから生命と呼んでいるものの現象の研究に時間をかければかけるほど、研究しようとする生命の概念からますます遠ざかってゆくのである」（同）

〈人はなんのために生きるのか〉という生の目的をもっと考えるべきである、そこにこそ生命がその姿を現すのだとトルストイは主張します。彼は、「生命の意味は人間の意識の中で、幸福への志向としてひらき示されている」（同）と述べていますが、この言葉はたいへん示唆に富んでいるように思われます。

2　創価思想――新しい生命観の提唱――

仏法の生命観

池田大作会長は、仏法の基本的な観点をつぎのように説明しています。

「仏法は、この宇宙のあらゆる実在、現象というものすべてを、生命的存在ととらえ、それを『諸法《しょほう》』とも、『森羅三千《しんらさんぜん》』とも、『森羅万象《しんらばんしょう》』とも説いている」（『生命と仏法を語る』、『池田大作全集』第一一巻）

宇宙のすべての現象が生命的存在だ、とみるのが仏法の観点であるというのです。池田会長自身の生命観も、この万物を生命とする仏法の観点に立つものといってよいと思います。そしてこの仏法的生命観を、別の著作で「もの」と「こと」という概念で説明しています。

「諸法とは現象と訳せる。仏法では、物質をも、固定化した〝もの〟ではなく、生滅変化《しょうめつへんか》する現象、すなわち〝こと〟の次元で見ているのです。生命も同じく生滅変化する〝こと〟です。……すべては〝こと〟であり、生住異滅《しょうじゅういめつ》、つまり生成し、安定し、変化し、消滅していくのです。その一時の安定期の姿を、物質についてでは、仮に〝もの〟と言っているわけです」(『法華経の智慧』、『池田大作全集』第二九巻)

この説明を、端的に「生命」のありかたを述べたものとして注目したいと思います。「もの」という概念は実体的概念であり、動性を欠いています。生命は、これまでそうした「もの」として考えられてきたといえます。生命とは、なにかある「もの」であり、生命という名前の、ある固定した実体が考えられてきたといってよいでしょう。それはタンパク質の複合体であろうと、霊魂であろうと同じです。ともにそれらは「もの」だといえます。この「もの」的生命観こそ、近代以降、歴史を長く支配してきた思考様式だったといえるでしょう。

これに対し、池田会長は「こと」的生命観を提唱します。「もの(物)」という概念が静的・実体的であるのに対し、「こと(事)」という概念は動的・非実体的なものを示します。たとえば「出来事」「事件」というようないいかたには、そうした動性が表現されているといえます。

すべての現象（物質も含め）は、それ自体が生滅変化していくという出来事であり、事件であるということもできます。そして、一定の安定した状態を「もの」と表現することができる……。こうした池田会長の説明は、大乗仏教、とりわけ『法華経』に述べられている思想を現代的に表現したものとして納得できます。

戸田第二代会長の獄中体験

池田会長の生命論について述べるとき、師である戸田第二代会長のいわゆる「獄中《ごくちゅう》の悟達《ごだつ》」体験を欠かすことはできません。それは、第二次世界大戦中の昭和十九年、戸田会長が思想犯として東京・巣鴨《すがも》の拘置所《こうちしょ》に入っているとき、『法華経』を読み、その開経である『無量義経《むりょうぎきょう》』の一節についての思索から、悟達した体験内容のことです。

戸田城聖著『小説・人間革命』によれば、つぎのように記されています。

「……『其の身は有《う》に非《あら》ず亦《また》無《む》に非《あら》ず、因《いん》に非ず縁《えん》に非ず、自他《じた》に非ず、方《ほう》に非ず円《えん》に非ず短長《たんちょう》に非ず……』との『無量義経』徳行品《とくぎょうほん》における仏の姿を述べた偈《げ》に行き当たったとき、彼（注＝主人公の巌《がん》さん）は、身体がその個所に叩《たた》きつけられるようにして読んだ。そして、『仏とは生命なんだ！　……仏とは、生命の表現なんだ！　外にあるものでもなく、自分の命にあるものだ！　いや、外にもある！　それは宇宙生命の一実体なんだ！』と叫んだ」（『小説・人間革命』下、聖教文庫、一九七二、一部取意）

戸田会長が叫んだという「仏とは生命である」との表明は、どのような意義をもつのでしょうか。この表明は、これまでどのような人もはっきりと述べることがなかった、まったく新しい仏身観《ぶっしんかん》であり、かつまた革命的な生命観であったということができます。

「仏」とは、インドでは一般に真理を悟った聖者をさし、仏教においては基本的には釈尊をさします。さらに大乗仏教では、広く修行者に到達可能な目標とされて、三世十方《さんぜじっぽう》の諸仏が説かれます。また、仏は法を身体とするものという意味から「法身《ほっしん》」とも呼ばれることもあります。しかし、通常、仏教学の辞典などでは、それ以上、明瞭《めいりょう》なものとして述べてはいません。

池田会長は、小説『人間革命』のなかで、この悟達の意義を述べています。

「戸田城聖のこのときの展開の一瞬は、将来、世界の哲学を変貌《へんぼう》せしめるに足《た》る、一瞬であったといってよい。……彼は、仏法が見事に現代にもなお溌剌《はつらつ》として生きていることを知り、それによって、近代科学に優に伍《ご》して遜色《そんしょく》のないものであると確信した」（『人間革命』第四巻、聖教文庫一九七三）

この池田会長の記述は、たいへん注目すべきものだと考えます。「仏とは生命である」との宣言は、新しい世界哲学を切り拓《ひら》くものであること、また仏法が近代科学と並ぶかそれ以上に現代的な意義をもつということ、こうした驚くべき主張が盛り込まれているからです。

つまり、これまで「仏教」「仏法」というと、一般には「釈迦というインド生誕の偉人の教えであり、世界三大宗教の一つである」というような説明が与えられ、専門的な辞典でも詳細な歴史や経典類の説明はあるものの、それ以上のことがらには触れていません。また、一般社会では葬儀を中心とする儀礼とか、寺院、僧侶といった関心しかなかったといえます。

ところがこうしたイメージや表現とまったく異なるもの、これまでの仏教観をまったく塗りかえるものとして歴史に新たに登場したのが、戸田会長の「仏とは生命である」との仏身論だったのです。従来の仏教観からは、「仏は近寄りがたい特殊な存在である」というイメージが与えられてきました。しかし、そうではなく、どんな人にも内在しているものであり、したがってそうだと気づけば誰でもただちに理解し完全に納得できるものであることを、戸田会長の獄中の悟達は示したのです。

二十世紀の半ばに発表された、この戸田会長の主張は、これまでの宗教思想、哲学思想をまさに一変させる内容をもっているのです。

戸田会長の生命論

戸田会長は、獄中の悟達から数年後、「生命論」（一九四九）と題した論文を発表します。そこでは、「三世の生命」（過去、現在、未来とつづく生命）、「永遠の生命」（宇宙とともに存在する生命）、「生命の連続」（生と死を貫いて存在する生命）という、生命の主要なありかたが論じられています。

たとえば、「永遠の生命」の節にはつぎのようにあります。

「生命とは、宇宙とともに存在し、宇宙より先でもなければ、あとから偶発《ぐうはつ》的に、あるいは何人《だれ》かによって作られて生じたものでもない。宇宙自体がすでに生命そのものであり、地球だけの専有物とみることも誤りである。……生命とは宇宙とともに本有《ほんぬ》常住《じょうじゅう》の存在であるからである」（『戸田城聖全集』第三巻、聖教新聞社）

ここで「生命とは宇宙とともに本有《ほんぬ》常住《じょうじゅう》の存在」との一節に注目してみましょう。「本有常住」とは「本来、三世にわたってつねに存在すること」（『仏教哲学大辞典』第三版）です。つまり生命は、宇宙と同じく過去、現在、そして未来へわたって存在しつづけるということです。生命というものをこのようにはっきりした形で、これまで誰が述べたでしょうか。おそらく皆無《かいむ》でしょう。

また、「生命の連続」に関しては、仏法の空観《くうかん》に即して論じられています。「空《くう》」の理解なくして、生命の連続については理解しえないからです。「空」を考える一つの例として戸田会長は心をあげています。

「眠っている間は、心はどこにもない。しかるに、目をさますやいなや心は活動する。眠った場合には心がなくて、起きている場合には心がある。有るのがほんとうか、無いのがほんとうか。有るといえば無いし、無いとすれば、あらわれてくる。このように、有無《うむ》を論ずることができないとする考え方を、これを空観とも妙ともいうのである」（同）

空観の理解は、生命を把握するうえでたいへん重要だといえます。さきの獄中の悟達体験にも出てきた『無量義経』の三十四にわたる「非」はすべて空観を示し、それらはじつは生命のありかたにほかならないということになります。

小説『人間革命』のなかで、池田会長は、戸田会長の「生命論」とデカルトの『方法序説』とを比べています。……この二つの論文の発想がきわめて相似《あいに》ているのは、ともに自分の日常の体験を言語化し、哲学的真髄を発芽《はつが》させたことである。その意味では、デカルトの『方法序説』が近代の出発点であったのに対し、戸田会長の「生命論」は、いわば現代における『方法序説』の位置を占めるものである、と。

「戸田城聖の『生命論』が、まことに新しい、生命の世紀の夜明けを告げる宣言書であるということも、やがては人びとから肯定される時がくるに違いない」（池田大作『人間革命』第四巻）

このように池田会長は断言しています。この小説『人間革命』の一節は、けっしてたんなる推量とか希望を語っているのではなく、また師である戸田会長を宣揚したいとの想いからのみ述べたものでもなく、まさに池田会長自身の研《と》ぎ澄《す》まされた直感にもとづいた確信を述べたものだといってよいでしょう。しかもそれは近代文明や諸思想の反省のうえになされたものだということです。

「生命の世紀へ　大いなる潮流」と題された、二十一世紀の開幕の記念提言である「第二十六回『SGIの日』記念提言」において、ふたたびさきの一節を述べたあと、池田会長はこのように記しています。

「これは、執筆当時（一九六八年一月）も今も変わらぬ私の信念であり、事実、今日、百六十三カ国・地域にまで広がっているSGI（創価学会インタナショナル）運動の大河の流れも、いつにこの恩師の獄中体験という源流があったればこそ、なのであります。

そして、今世紀を『生命の世紀』『生命尊厳の世紀』にしていかなければならないと深く期《き》する私の決意も、宗派性などという次元をはるかに超《こ》えて、人類の精神史に貢献していくにちがいない恩師のかけがえのない体験を、時代の閉塞《へいそく》状況を突き破る突破口に、との思いから発しているのであります」（「第二十六回『SGIの日』記念提言」上『聖教新聞』、二〇〇一年一月二十六日付）

こうして池田会長自身の生命観も、師である戸田会長の「生命論」を引きつぎ、展開していったことがわかります。

生命と仏法

「生命」を概念的に説明することはけっして簡単ではありません。別のよい言葉があればよいのですが、しかし、「生命」以外によい言葉がみつからないのです。「生命」という言葉をなぜよく用いるのかということに関して、池田大作会長は「生命は現に万人に備わっている。だから万人が実感できる具体性がある」（『法華経の智慧』、『池田大作全集』第二九巻）と述べています。

また、仏教では「仏」と「法」は重要な概念ですが、これらの概念も必ずしも一般的に親しみのあるものとはいえません。これについて池田会長はこう述べています。

「『仏』と言うと、人格的な面が表になる。それだけでは、どこか自分とかけ離れた存在というイメージがともなう。また『法』と言うと、法則とか現象とか、非人格的な面になる。それだけだと、あまりあたたか味はない。本来、『仏』も『法』も、別々のものではない。『生命』と言った場合には、その両面が含まれる」（同）

このように、「仏」も「法」もある固定されたイメージがあり、それが理解の障害にもなっているということです。しかし本来は、これらは私たちにもっとも身近なものを示したもの、つまり「生命」の両面を示したものだということです。「生命」という概念は直接その身近さを示しているのです。仏教、仏法も、このもっとも身近なものである生命を説いたものにほかならないのです。池田会長は、これらを総括的に「すなわち、生命論こそが仏法の本体であった」(同)と表現しています。

ここに、「仏法とはなにか」という問いに対する池田会長の答えがあります。またこれは、現代に生きる仏法を探究、実践する創価学会からのメッセージでもあるといってよいと思います。「ともあれ学会は生命論に始まり、生命論に終わるといってよい」(同)と創価学会の立場についても明言しています。

このように、生命論こそ現代の仏法である、つまり生命論こそ現代の哲学であり、現代の宗教である、と主張します。そして、ここに現代の諸問題を解決する鍵がある、すなわち時代の大きな転換が可能となる〈アルキメデスの支点〉があるというのが池田会長の主張であり、また創価思想の中核をなすものだといってよいでしょう。「二十一世紀は生命の世紀」との表現は、そうした哲学、宗教における〈パラダイム転換〉を表現したものであるということができると思います。

第5章　生命尊厳の理念とその実践

生命尊厳の理念へ

以上、創価思想の生命論についてみてきましたが、この生命論は必然的に、生命を至《し》上《じょう》の価値とする「生命の尊厳」の主張と結びつきます。

そして、これにより第二部の冒頭に掲げた問題、〈「グローバル（地球的）な倫理」そして「共通の価値観」とはなにか〉についての答えも得られることになります。すなわち、生命という人類共通の基礎に立ち、「生命は尊厳である」という価値観に立った判断と行為こそが、人類普遍的なものとして、「グローバルな倫理」といえるものになるということです。価値観が混乱し、とくに生命軽視の風潮がある現代にあって、「生命の尊厳」の倫理は、今後いっそうその重要さが増していくものと考えられます。

ちなみに、池田／トインビー『二十一世紀への対話』も、この「生命の尊厳」をめぐって構成、展開されているとみてよいと思います。つまり、「人間はいかなる存在か」という冒頭の問題提起にはじまり、「至高の人間的価値」という末尾の結論にいたることの対談は、結局のところ、私たちが「生命の尊厳」をいかにして自覚していくかということに最大のポイントが置かれている、とみられるのです。

留意すべきは、この「生命尊厳」は、たんなる感情でもなく、たんなるモットーや標語でもないということです。「生命尊厳」はその実現を求める概念であり、そうした価値（私たちへの関係）をもった概念として「理念」というべきものです。いいかえると、私たちがこの理念を抱くとき、それに向かってその実現をめざさざるをえないものなのです。

そうした実践の例として、たとえばA・シュヴァイツァー（一八七五～一九六五）をあげることができます。アフリカで医療に生涯をかけたシュヴァイツァーは、「生への畏敬《いけい》」の倫理を説きます。

「真の哲学は、もっとも直接でもっとも包括的な意識の事実から出発しなければならない。この事実とは、すなわち『私は、生きんとする生命にとりかこまれた生きんとする生命である』という事実である」（『シュヴァイツァー著作集』第七巻、白水社）

すべての生命あるものは、私自身と同じく生きようとしている。私という生命もまたそうした多くの生命に囲まれて生きているのだ。このことをはっきり意識するとき、すべての生に畏敬の念をもたざるをえない。そしてこの「生への畏敬」を行為と判断の基準としなければならない――そうシュヴァイツァーは結論したのでした。

池田大作会長はシュヴァイツァーの考えに「生命の尊厳」を読みとっています。

「私は、このシュヴァイツァーの考えにも相通ずると思いますが、生命の尊厳に至上の価値をおくことを、普遍的な価値基準としなければならないと考えます」（『二十一世紀への対話』）

「尊厳」について

「尊厳」とは、至上の価値、絶対的な価値を意味するといえますが、ここであらためて、「尊厳」ということについて少し考えてみましょう。

これまでこうした言葉（尊厳、神聖など）は、特殊な存在（神、国家、皇帝など）について形容される言葉でした。それに対し、生命はもっとも普遍的なものです。その意味で「生命の尊厳」は、「尊厳観」の変革だともいえます。

「命《いのち》あってのものだね」という慣用句がありますが、ものだね（物種）とは「もとのもの、基礎となるもの」を意味しています。それなくしては一切が成り立たないところのものです。生命はそうした意味で誰にとっても根本のものです。

また、そうした〈根本〉という意義だけでなく、「尊厳」には〈究極〉という意義もあります。この究極性については、カントの「目的自体（それ自身における目的）」という考えが参考になります。

カントは彼の倫理学（『道徳形而上学原論』『実践理性批判』など）のなかで、「人格の尊厳」「人間性の尊厳」といっています。人格や人間性は、それが目的自体であり、等価《とうか》物《ぶつ》をまったくもたない絶対的な価値としてあるというのです（これに対して物件《ぶっけん》は、手段としての相対的価値でしかないとしています）。いいかえれば、人格、人間性は他に代わることができない究極性（かけがえのなさ）をもつということです。

このカントの「目的自体」という考えは、主体と客体（対象）との関係性を価値とする見かたからは、つぎのように考えられます。すなわち、主体と客体（対象）とが同一となったとき、それは主体が自己自身へ関係することとなり、そのもの自身が目的となったことを意味します。ソクラテスの「汝自身を知れ」という言葉も、人間にとってもっとも大切なものは自分自身であるということですが、尊厳性は目的自体としてあるものに宿るということができます。

「生命の尊厳」と、カントのいう「人格の尊厳」「人間性の尊厳」とは、その内容がほぼ同じだといってもよいほどです。ただ、カントのそれは基本的に人間（理性的存在者）に限ったものといえ、やや狭いといえますが、「生命」は広くまた具体性をもっているといえます。

生命尊厳の実践

ところで、生あるものがすべて尊厳性を有するとしても、それを知り、それにもとづいて行動していくのは人間のほかにはいません。その意味から人間は、万物のなかでも特別な役割をもっていると考えられます。それは、この〈生命が尊厳であること〉を実証する役割（使命）をもっているということです。

池田会長はこう指摘します。

「（人間）生命を真実に、そして事実上、尊厳なものにするためには、人間一人一人の努力が必要です。自らの尊厳に対しては、自身が責任を負っているというべきでありましょう」（同）

「生命の尊厳」は、この理念をたもつ人にその実現を求める実践的理念です。つまり、自らの尊厳の実現はその人自身の責任であり、各人が努力していくべき課題だということです。また、それゆえにすべての人の心に響くものをもっています。

一つの例として、ガンジーの「非暴力」の実践をあげることができます。

池田会長は「非暴力に関する私の一考察」（ソ連「非暴力研究所」への寄稿、一九九〇）と題する論文のなかで、ガンジーの非暴力主義をとりあげ、その特徴を「自分の全存在をかけて実践した」という点にみています。

「ガンジーにとって非暴力主義とは、己《おの》が全存在——信念と良心のすべてを賭《と》して、ある場合は死さえも賭して選びとった、のっぴきならぬ選択であり行動なのである。のみならず、すべての非暴力主義者たるものは、そう確信をもって生きなければならない。彼らはみな『それ以外のものにはなりえないがために非暴力主義者』となったのだから。その点を回避して、安易に他人の助言にすがろうとしたり、それを意識しなくてもその助言を利用したりすることは、非暴力主義者たることの放棄であり、心得違《こころえちが》いも甚だしい。ガンジーは重ねていう。『非暴力は、意《い》のままに脱いだり着たりする衣服のようなものではない。その座《ざ》は心の中にあるのだ。そしてそれは、われわれの存在そのものの分かちがたい部分にならなければならない』と」

（『創立者の語らい』記念講演篇Ⅱ、創価大学）

非暴力主義（の実践）とは、たんに暴力行為をしないというようなことではないのです。それは、「のっぴきならない」自らの選択であり、「われわれの存在そのものの分かちがたい部分」としての行為です。そして「それ以外のものにはなりえない」信念と行動となって、はじめて非暴力主義の名に値するものとなるということです。

ガンジーは、幾多《いくた》の苦難や迫害を受けつつも、インド独立運動のなか非暴力を貫きました。そこには、植民地インドの支配者（英国人）も、被支配者（インド人）も、まったく同じく尊厳な存在とみなければならないというガンジーの深い信念がありました。

どれほど力で弾圧されようと、こちらからは力では抵抗しない。この〈非抵抗運動〉は、相手の心に訴えかける（つまり尊厳を実証しようとする）戦いでした。この貫かれたガンジーの信念と行動は、英国人の心に波動を及ぼし、ついに勝利をかちとったといえます。

池田会長は二〇〇一年初の「記念提言」のなかで、つぎのようにガンジーを位置づけています。

「『非暴力には敗北などというものはない。これに対して、暴力の果てはかならず敗北である』と断じて、一歩も退かぬマハトマ・ガンジーは、その意味から『生命の世紀』への偉大な先駆者でした」（第二十六回「ＳＧＩの日」記念提言）

このガンジーに影響を与えた人物にトルストイがいますが、彼もまた非暴力主義者として有名です。日露戦争に反対する「思い直せ」という論文（一九〇四年、イギリスのタイムズ紙に発表。日本ではただちに平民新聞に訳されて掲載）を発表しました。そこでは、戦争をするような愛国心などはエゴイズムにすぎない、キリスト教の兄弟愛の教えからいっても、仏教の不殺生の教えからいっても、戦争が肯定されるはずがない、と述べています。

トルストイの創作民話に「イワンのばか」という作品がありますが、この作品は徹底した非暴力主義が、いかに人の心に訴え、悪《あ》しき心を消滅させてしまうものであるかをわかりやすく説得的に語っています。

トルストイもまた、政府やロシア正教からの迫害を受けつつも、文筆の力をもって、生命尊厳の理念を貫いた実践者でした。

自己の変革と他者へ向かう実践

池田会長は「生命を尊厳ならしめるもの」と題した論文において、こう述べています。

「欲望を賢明にリードできる理性なり道徳律といったものが、その人の生命に内在化しなければならない。これは誠に複雑にして難解な課題であるが、そこに生命ないし人格の理想像を描き、この理想を自己の生命に実現することを目指して、自己変革に挑《いど》むのである。それは自身における〝尊厳性〟を、単なる一般的原理としてのそれから、具体的現実としてのそれへと転換するものとなろう」（『池田大作全集』第一巻）

ここで、「尊厳性」がたんなる一般的原理ではなく、具体的現実となるには、自己変革への挑戦をする必要があるとしています。そしてそれは、自分自身をリードできる自律的精神を確立することだとします。自律的自己の確立とは、カントがいうところの自分自身への義務である「道徳的自己の完成」だといえます。

また、香港中文大学での講演で、「中庸」をとりあげ、この概念には自律的精神があると述べています。

「あらゆる精神的力を奮《ふる》い起こし、研《と》ぎすまされた最高度の緊張をもって現実に対応しながら、正しい判断と選択をなしていく――そのなかにのみ『中庸』は成り立つ」（「中国的人間主義の伝統」『池田大作全集』第二巻）

「中庸」というと、なにかうまく調整してバランスを保つことぐらいに思うかもしれませんが、とんでもない話です。中庸は、最高にむずかしい判断です。そこには自分自身の力量がはっきり示されます。ですから、この判断力を磨くことが求められるのです。正しい判断ができる力は、「確たる〝汝自身〟の自覚に立った」（同）人にのみ発揮されると考えられます（仏法では、そうした自分の修養のための実践を自行《じぎょう》とよびます）。

つぎに、尊厳性の実践として重要なことは、他者に対する実践です。それは、他者の幸せを祈り、そのための行動をしていくこと（楽を与える行為としての慈）であり、他者の悩みや痛みを理解し、取り除いていこうとすること（苦を除く行為としての悲）です。この仏教でいう慈悲行※が他者への実践（化他《けた》）となります。

※慈悲行とは菩薩行ともいわれ、他者救済に励むことを意味します。菩薩がはじめて発心するときの誓願に「衆生無辺誓願度」（一切の衆生を救済するという誓い）があり、利他の実践を誓っています。

自他の結びつきと調和的世界

そして、この自己に対する実践と他者に対する実践は一つに結びつくということを、つぎのように論じています。

「生命の尊厳とは、あらゆる生命を尊厳と認める自身の心の中にある。（中略）そして、その一切の生命を尊厳とみる心が、自己の生命を尊厳ならしめるのである。この客観性と主観とが一体となったところに、真実の尊厳性が現実化するのだといってもよい」（「生命を尊厳ならしめるもの」『池田大作全集』第一巻）

他者（一切の生命）を尊厳とみる心が、自己の生命にリフレクト（反射）して自己の生命を尊厳とさせるのだと池田会長は主張しています。ここで決定的に大切なものは〈心〉だといえます。つまり、心（主観）のありかたが生命（客観）のありかたを決定するということです。

心を媒介にして、他者への実践が自己の確立と結びつきます。つまり、あらゆる生命を尊厳と認め、それにもとづく行為（化他）は、そのまま自己自身に対する行為（自行）となる。ここにはまったく無駄がありません。わかりやすくいいかえると、人の幸福を願ってする行為は、すべて自身の成長にプラスとなるということです。

カントは、われわれの義務とすべきは「自己の道徳的完成と他者の幸福である※」としましたが、池田会長の述べる生命尊厳論は、カントのいうこの二つの義務を同時に成立させるものだということができるでしょう。

※カントが『人倫の形而上学』のなか（徳論への序論）で述べた表現。各人が義務であり目的としてめざすべきものは、①自分に対しては道徳的であること、②他人に対しては幸福を促進することであり、

その逆ではない（つまり自己の幸福や他人の道徳的完成は、義務であるような目的とはならない）とします。

このことは、第Ⅰ部で考察した「調和」と深く関連してきます。つまり、生命の世界にあっては、自と他は動的に調和（第Ⅰ部第4章参照）しているのです。自分と他者とは、心を中心とした応答関係にあるということができるでしょう。

したがって、第Ⅰ部の末尾で述べた「調和理念の実践とは、共に学びあい、共に励ましあい、そして共に成長していく、この対話的共生」というありかたは、また生命のありかた、生命論であるといってよいと思います。この「対話的共生」に、「生命の尊厳」もまた実現されると考えられるのです。

〔引用文献一覧〕

※本文中の引用は、すべて下記の文献からの引用です。

池田大作「生命を尊厳ならしめるもの」、一九七三年、『池田大作全集』第一巻
池田大作『生命と仏法を語る』、一九七三年、『池田大作全集』第一一巻
池田大作『人間革命』第四巻、聖教文庫、聖教新聞社、一九七三年
池田大作『人間革命』第十二巻、聖教文庫、聖教新聞社、一九九四年
池田大作『私の人間学』、一九八八年、『池田大作全集』第一一九巻
池田大作『少年抄』聖教新聞社、一九七四年
池田大作『幸福抄』主婦と生活社、二〇〇三年
池田大作『法華経の智慧』、二〇〇一〜二年、『池田大作全集』第二九〜三一巻
池田大作/A・J・トインビー『二十一世紀への対話』、二〇〇二年、『池田大作全集』第三巻
池田大作/R・クーデンホーフ=カレルギー『文明　西と東』、一九七二年、『池田大作全集』第一〇二巻
池田大作/フェリックス・ウンガー『人間主義の旗を』東洋哲学研究所、二〇〇七年
池田大作/アウレリオ・ペッチェイ『二十一世紀への警鐘』、一九八四年、『池田大作全集』第四巻
池田大作/R・D・ホフライトネル『見つめあう西と東——人間革命と地球革命』第三文明社、二〇〇五年

引用文献

池田大作／ドゥ・ウェイミン『対話の文明』第三文明社、二〇〇七年
ルネ・ユイグ／池田大作『闇は暁を求めて』、一九八一年、『池田大作全集』第五巻
季羡林／蔣忠新／池田大作『東洋の智慧を語る』、二〇〇二年、『池田大作全集』第一一一巻
「第二十六回『ＳＧＩの日』記念提言」（上下）、『聖教新聞』二〇〇一年一月二十六〜二十七日
「第三十一回『ＳＧＩの日』記念提言」（上下）、『聖教新聞』二〇〇六年一月二十五〜二十六日
『創立者の語らい』記念講演篇Ⅰ〜Ⅲ、創価大学学生自治会、ⅠとⅡは一九九五年、Ⅲは二〇〇四年
Daisaku Ikeda, Moving beyond the use of military force, *Japan Times*, Thursday, Jan.11,2007.

『牧口常三郎全集』第五巻、第三文明社、一九八二年
『戸田城聖全集』第三巻（論文・講演編）聖教新聞社、一九八三年
戸田城聖『小説・人間革命』下、聖教文庫、聖教新聞社、一九七二年

『妙法蓮華経並開結』創価学会、二〇〇二年
『仏教哲学大辞典』第三版、創価学会、二〇〇〇年
「御義口伝」、『日蓮大聖人御書全集』創価学会、一九六六年

『ブッダの真理の言葉・感興の言葉』中村元訳、岩波文庫、一九八七年
『真理のことば／感興のことば』中村元訳、岩波文庫、一九八七年
『論語』金谷治訳注、岩波文庫、岩波書店、一九六三年
『孟子』上下、小林勝人訳注、岩波文庫、岩波書店、一九七二年
『中庸』宇野哲人訳注、講談社学術文庫、一九九三年

山本光雄訳編『初期ギリシア哲学者断片集』岩波書店、一九六九年
プラトン『ソクラテスの弁明』三嶋・田中訳、講談社学術文庫、一九九九年
アリストテレス「ニコマコス倫理学」加藤信朗訳、『アリストテレス全集』13、岩波書店、一九七七年
デカルト『方法序説』落合太郎訳、岩波文庫、一九八三年
カント『道徳形而上学原論』篠田英雄訳、岩波文庫、一九七六年
カント『永遠平和のために／啓蒙とは何か』中山元訳、光文社古典新訳文庫、二〇〇六年
カント「人倫の形而上学」樽井正義他訳、『カント全集』第11巻、岩波書店、二〇〇二年
トルストイ『人生論』原卓也訳、新潮文庫、一九九〇年
トルストイ『生命について』八島雅彦訳、集英社文庫、一九九三年

サン＝テグジュペリ『星の王子さま』内藤濯訳、オリジナル版、岩波書店、二〇〇三年
ニーチェ「ツァラトゥストラ」手塚富雄訳、『世界の名著・ニーチェ』中央公論社、一九六六年
ベルクソン「意識と生命」池辺義教訳、『世界の名著・ベルクソン』中央公論社、一九七九年
ルソー『エミール（上）』今野一雄訳、岩波文庫、一九九〇年
『シュヴァイツァー著作集』第七巻、白水社、一九六三年
ハイデッガー「世界像の時代」茅野良男／ハンス・ブロッカルト訳、『ハイデッガー全集』第5巻、創文社、一九八八年八月

ドネラ・H・メドウズ他著『成長の限界』大来佐武朗監訳、ダイヤモンド社、一九七二年
ヨハン・ガルトゥング『構造的暴力と平和』高柳先男／他訳、中央大学出版部、一九九一年
E・F・シューマッハー『スモール イズ ビューティフル――人間中心の経済学――』小島慶三・酒井懋訳、講談社学術文庫、一九八六年
江上不二夫『生命を探る（第二版）』岩波新書、一九八〇年

は

ひ

ふ

へ

ほ

索　引

そ

た

索　引

石神　豊（いしがみ・ゆたか）

1946年、静岡県浜松市生まれ。名古屋大学文学部哲学科卒業。東北大学大学院文学研究科単位取得退学。博士（文学）。創価大学文学部教授。同大学文学部長を経て、現在、同大学院文学研究科長。東洋哲学研究所委嘱研究員。専攻は西洋近代哲学、倫理学および西田哲学。著書に『ヒューマニズムとは何か』（第三文明社、1998年）、『西田幾多郎――自覚の哲学』（北樹出版、2001年）『倫理学――価値創造の人間学』（創価大学出版会、2003年）などがある。

調和《ちょうわ》と生命尊厳《せいめいそんげん》の社会《しゃかい》へ
創価思想のキーワード　　レグルス文庫 264

2008年6月30日　初版第1刷発行

著　者　石神《いしがみ》　豊《ゆたか》
発行者　大島光明
発行所　株式会社　第三文明社
東京都新宿区新宿1-23-5　郵便番号　160-0022
電話番号　03(5269)7145（営業）
03(5269)7154（編集）
URL　http://www.daisanbunmei.co.jp
振替口座　00150-3-117823
印刷所　東陽企画印刷株式会社
製本所　大口製本印刷株式会社

ISBN978-4-476-01264-4

REGULUS LIBRARY

レグルス文庫について

レグルス文庫〈Regulus Library〉は、星の名前にちなんでいる。厳しい冬も終わりを告げ、春が訪れると、力づよい足どりで東の空を駆けのぼるような形で、獅子座〈Leo〉があらわれる。その中でひときわ明るく輝くのが、このα星のレグルスである。レグルスは、アラビア名で〝小さな王さま〟を意味する。一等星の少ない春の空、たったひとつ黄道上に位置する星である。決して深い理由があって、レグルス文庫と名づけたわけではない。ただ、この文庫に収蔵される一冊一冊の本が、人間精神に豊潤な英知を回復するための〝希望の星〟であってほしいという願いからである。

都会の夜空は、スモッグのために星もほとんど見ることができない。それは、現代文明に、希望の冴えた光が失われつつあることを象徴的に物語っているかのようだ。誤りなき航路を見定めるためには、現代人は星の光を見失ってはならない。だが、それは決して遠きかなたにあるのではない。人類の運命の星は、一人ひとりの心の中にあると信じたい。心の中のスモッグをとり払うことから、私達の作業は始められなければならない。

現代は、幾多の識者によって未曾有の転換期であることが指摘されている。しかし、その表現さえ、空虚な響きをもつ昨今である。むしろ、人類の生か死かを分かつ絶壁の上にあるといった切実感が、人々の心を支配している。この冷厳な現実には目を閉ざすべきではない。まず足元をしっかりと見定めよう。眼下にはニヒリズムの深淵が口をあけ、上には権力の壁が迫り、あたりが欲望の霧につつまれ目をおおうとも、正気をとり戻して、たしかな第一歩を踏み出さなくてはならない。レグルス文庫を世に問うゆえんもここにある。

一九七一年五月

第三文明社